AF451959

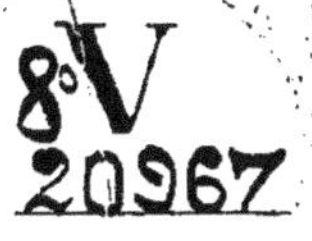

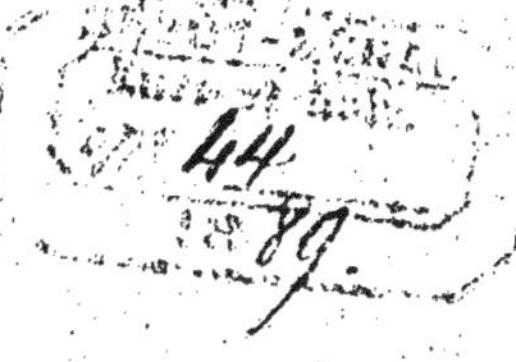

TABLE

DES PORTRAITS

PEINTS, SCULPTÉS, DESSINÉS OU GRAVÉS,

EXPOSÉS

AUX SALONS DU DIX-HUITIÈME SIÈCLE

PAR

JULES GUIFFREY

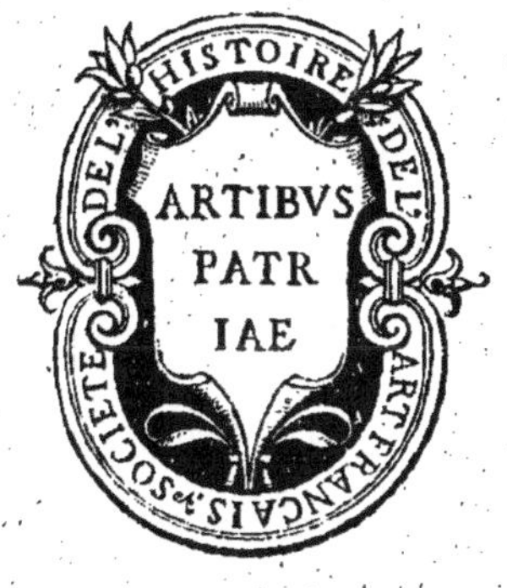

PARIS
1889

TABLE

DES PORTRAITS

PEINTS, SCULPTÉS, DESSINÉS OU GRAVÉS,

EXPOSÉS

AUX SALONS DU DIX-HUITIÈME SIÈCLE

PAR

JULES GUIFFREY

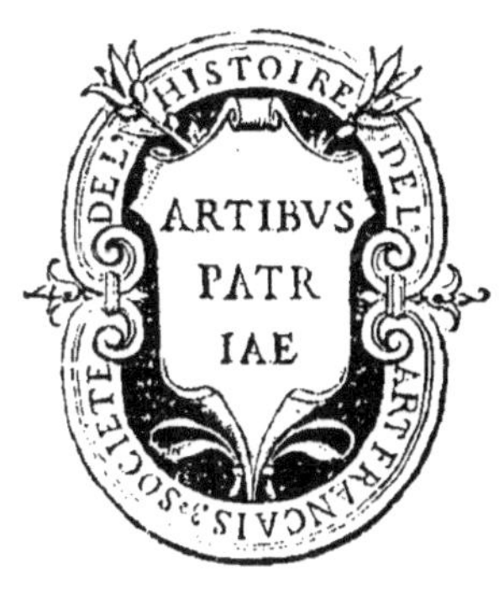

PARIS

1889

(Extrait de la *Revue de l'Art français*, janvier et février 1889.)

TABLE

DES PORTRAITS

EXPOSÉS

AUX SALONS DU DIX-HUITIÈME SIÈCLE

JUSQU'EN 1800

PAR JULES GUIFFREY.

———

La table que nous publions comprend tous les portraits ayant figuré aux Salons de l'Académie de peinture, de 1673 à 1791, et aux expositions de la période révolutionnaire, de 1793 à 1800. On y a fait entrer aussi bien les peintures à l'huile et les pastels, les statues et les bustes, que les dessins et les gravures, les médailles et les jetons. Sous la rubrique *portraits, bustes,* etc., sont placés les renvois aux numéros sous lesquels sont mentionnés des personnages dont le nom ne figure pas au livret ; mais on a relaté avec soin toutes indications pouvant aider à reconnaître ces portraits anonymes. Il y aurait eu peu d'inconvénients sans doute à supprimer ces nomenclatures assez arides. Nous les avons conservées cependant, parce que nous considérons une table incomplète comme à peu près inutile, surtout quand il s'agit de noms propres et de représentations figurées. L'orthographe des noms propres a été le plus souvent conservée sous la forme donnée par le livret, sauf le cas où le nom d'un personnage bien connu était trop évidemment dénaturé.

Cette table nous avait paru jadis le complément nécessaire de la réimpression des livrets entreprise il y a tantôt vingt ans et nous y avions consacré les loisirs d'un long siège. Nous avions même rédigé à cette époque la table alphabétique de tous les sujets historiques, anecdotiques et autres, exposés durant le cours du xviiie siècle. L'étendue de cette table en rend la publication à peu près impossible.

Nous nous contenterons donc de donner la liste des portraits cités dans les livrets des anciens Salons, dans l'espoir que notre travail pourra aider à retrouver les modèles ou les auteurs de certaines toiles conservées, soit dans les musées régionaux, soit dans les collections particulières.

Le lecteur voudra bien regarder cette table comme un chapitre, un très petit chapitre, de l'iconographie française, venant s'ajouter aux nombreux ouvrages déjà publiés sur ce sujet.

Les numéros des pages inscrits à la suite des dates renvoient à notre réimpression des anciens livrets.

A

A... (M.) : 1800, p. 53.

A. S. (la marquise de) : 1779, p. 53.

Abbé : 1737, p. 16 (abbé de Sainte-Geneviève) ; -42, p. 31 (abbé lisant dans un in-folio) ; -43, p. 28 (abbé de***), 39 (abbé de l'ordre des Bernardins) ; -46, p. 22 (abbé***) ; -50, p. 31 ; -71, p. 36 ; -77, p. 23 ; -83, p. 27 ; -87, p. 23 ; -91, p. 26, 43 (buste).

Achkow (la princesse d'), buste : voy. Aschkoff.

Adam l'aîné (Lambert-Sigisbert), sc. : 1753, p. 28.

Adanson (Michel), voyageur et botaniste, membre de l'Institut, buste : 1798, p. 71.

Adélaïde[1] (Mme) : 1751, p. 23 ; -77, p. 45 (buste) ; -87, p. 27 (en pied dans une galerie ornée de bas-reliefs).

Adrets (Mme des), représentant la Mémoire : 1747, p. 20.

Affry (le comte d'), colonel des gardes suisses : 1785, p. 19.

Agay (le comte d'), intendant de Picardie : 1787, p. 56.

Aguesseau (le chancelier d'), buste : 1779, p. 44.

Aiguillon[2] (le duc d'), député : 1791, p. 18.

Aiguillon (la duchesse d'), à l'âge de trente-deux ans, et son fils âgé de quatorze ans : 1773, p. 33.

Albermale (le comte d'), jusqu'aux genoux, la main sur un casque : 1753, p. 22.

Albert (le comte d') : 1704, p. 33.

Alby[3] (l'archevêque d') : 1757, p. 26.

Alembert (M. d') : 1753, p. 23 ; -75, p. 37 (buste).

Alexandre, peintre, par lui-même : 1800, p. 11.

Alhoy, instituteur des sourds et muets : 1795, p. 46.

Alix, graveur en couleur, et sa femme : 1799, p. 31.

Allegrain (Christophe-Gabriel), sculpteur : 1775, p. 24 ; -87, 56.

---

1. Fille aînée de Louis XV, tante de Louis XVI, née en 1732, morte en 1800.

2. Fils du chef du dernier ministère de Louis XV. C'est lui qui figure dans le portrait de la duchesse d'Aiguillon avec son fils, qui suit.

3. Dominique de la Rochefoucauld occupa le siège d'Albi de mai 1747 à avril 1759.

Allegrain (M.), échevin de Rochefort : 1775, p. 35.

Allou (Mᵐᵉ), dessinant une figure d'optique : 1737, p. 23.

Ambassadeur de Hollande : 1796, p. 87.

Ambassadeur de la Porte, buste : 1737, p. 31.

Amédée (Mˡˡᵉ), de l'Opéra, en domino noir : 1748, p. 28.

Amiot (Jacques), buste : 1800, p. 71.

Andouillé (M.), chirurgien du Roi, buste : 1779, p. 42.

Angiviller (le comte d') : 1763, p. 28; -71, p. 38; -73, p. 35; -79, p. 31; -83, p. 18.

Angleterre (le roi d') : 1773, p. 28.

Angoulême (le duc d'), buste : 1783, p. 53.

Anguier (MM. et Mˡˡᵉ) : 1673, p. 29.

Anisson-Duperron, buste : 1795, p. 69.

Aquin (Mᵐᵉ d') et ses fils : 1673, p. 33.

Architecte russe : 1793, p. 98.

Arco (la comtesse d') : 1704, p. 17.

Ardinghelli (Mˡˡᵉ), buste : 1757, p. 31.

Argenson (le comte d'), tenant le plan de Fontenoy : 1750, p. 20.

— (la comtesse d'), tenant un caniche : 1750, p. 20.

Arignon (Mᵐᵉ) : 1737, p. 17.

Arlaud, peintre en miniature : 1699, p. 21.

Arlon (Mᵐᵉ), filant : 1739, p. 19.

Arnauld (l'abbé), de l'Académie des Inscriptions : 1769, p. 31.

Arnault, maître de clavecin : 1704, p. 30.

Arnould (Sophie) : 1775, p. 38; -96, p. 21 (dans le rôle d'Iphigénie).

Arquien (le cardinal d') : 1704, p. 18.

Ars (M. d'), sous-lieutenant des gardes du Roi : 1755, p. 26.

— (Mᵐᵉ d') : 1755, p. 26.

Artiste (un) : 1777, p. 26; -93, p. 107 (appuyé sur un portefeuille); -95, p. 38; -96, p. 45 (jouant la comédie), 60.

Artois (le comte d') : 1767, p. 36 (buste); -69, p. 32; -71, p. 33; -79, p. 38, 43 (buste).

— (la comtesse d') : 1775, p. 15 (en habit de cour); -79, p. 27 (en Cérès).

— (le comte et la comtesse d') : 1763, p. 25; -67, p. 40.

Aschkoff (la princesse d'), buste : 1781, p. 46; -83, p. 52.

Asselart (M.), bourgmestre d'Amsterdam : 1763, p. 21.

Aubray (M. d'), lieutenant civil : 1673, p. 34.

Aubry (M.), lieutenant général de Touraine : 1704, p. 34.

Aubry (M.), maître des comptes : 1699, p. 23.

— (Mᵐᵉ), femme du maître des comptes : 1704, p. 33.

Audibert de Lussan (Louis-Jacques d'), archevêque de Bordeaux : 1750, p. 13; -65, p. 39.

Audouin (Xavier) : 1799, p. 27.

Audran : 1799, p. 86.

Auger (l'abbé) : 1793, p. 50.

Augustin (Jean-Baptiste-Jacques), peintre : 1795, p. 14 (par lui-même); -96, p. 6, 16 (par lui-même).

Augustini (le Père), Carme : 1737, p. 25.

Aumont (la duchesse d') : 1673, p. 32; -99, p. 16.

Autreau (Louis), peintre : 1750, p. 24 (par lui-même).

Aved (Mme) : 1740, p. 32 ; -65, p. 35 (buste).

Azincourt (M. et Mme d') : 1755, p. 25.

B

B...[1], architecte, enseignant le dessin à son frère : 1796, p. 15.

B..., chanoine de Saint-Victor : 1783, p. 36.

B... (M.) : 1800, p. 35.

B... (Mme) : 1773, p. 29.

B... (Mme de), en Bacchante, buste : 1779, p. 45.

B... (Mme) et ses deux enfants : 1796, p. 28.

Babil (M.), second échevin, médaillon : 1763, p. 36.

Babot (M.), joaillier : 1738, p. 19.

Babuti (M.), libraire : 1759, p. 25 ; -61, p. 25.

Bacchante (buste de jeune fille en) : 1765, p. 37 ; -79, p. 45 (Mme de B... en).

Bachaumont (M. de) : 1740, p. 30 ; -53, p. 23.

Bachelier, valet de chambre du Roi, appuyé sur un bec-à-corbin : 1741, p. 24.

Bachelier (Jean-Jacques), peintre : 1783, p. 35 ; -85, p. 33.

Bachot (M.) et sa femme : 1673, p. 33.

Bacqueville (M. et Mme) : 1704, p. 17.

Baignere, médecin : 1795, p. 35.

Baillard (Mme) : 1799, p. 66.

Baillon, horloger : 1746, p. 20.

Bailly (Jean-Sylvain), maire de Paris : 1789, p. 31, 50 (buste), 54 (médaille) ; -91, p. 37 (buste).

Baléchou (J.-J.), graveur : 1789, p. 55.

Balety (Mlle) : 1757, p. 15.

Balincourt (M. de) : 1704, p. 25.

Ballin (M.), le père : 1704, p. 42.

Balthasar : 1673, p. 35.

Barathier, marquis de Saint-Auban, lieutenant général des armées : 1785, p. 53.

Barbereux (Mlle) : 1781, p. 23.

Barbézieux (Mme de) : 1704, p. 29.

Barbier (M.), en robe : 1745, p. 29.

Barbier Walbonne (Mme) : 1799, p. 83.

Barré, directeur du Vaudeville : 1796, p. 28.

Barry, peintre : 1796, p. 17 (par lui-même).

Barry (la comtesse du) : 1769, p. 18 ; -71, p. 18 (en Muse), 40 (buste) ; -73, p. 23, 37 (buste).

Barthélemy (l'abbé), buste : 1795, p. 66 ; -98, p. 83 (médaille).

Bartolozzi : 1800, p. 79.

Baudouin (Mme), médaillon : 1765, p. 33.

Baudouin (M.) le fils : 1765, p. 35.

Bavière (le duc de) : 1704, p. 17.

Bayard, statue : 1787, p. 48.

Beaufort (Antoine), peintre : 1783, p. 35.

Beaufremont (M. de), en pied : 1791, p. 10.

Beauharnois (le marquis de) : 1748, p. 16.

Beauharnois (M. de), député : 1791, p. 13.

— (Mme) : 1795, p. 26.

---

1. Ne serait-ce pas *François-Joseph Bélanger* ?

Beaulieu (M. de) : 1741, p. 19.

Beaulieu (le général) : 1798, p. 87.

Beaulieu (M.), buste : 1781, p. 45.

Beaumé (M.) : 1773, p. 49.

Beaumont (M. *de*), graveur de l'Hôtel de Ville : 1750, p. 31.

Beaunoir (Mlle) avec les attributs de Thalie : 1785, p. 21.

Beaupoil de Sainte-Aulaire (Martial-Louis), évêque de Poitiers : 1771, p. 32.

Beausire (Jean-Baptiste), architecte, vu jusqu'aux genoux, tenant un compas : 1747, p. 27, 28.

Belle (Clément-Louis-Marie-Anne), peintre : 1745, p. 37; -79, p. 32.

Bellefort (Mlle de) : 1704, p. 17.

Belle-Isle (le maréchal de) : 1748, p. 24; -71, p. 50.

Belley, représentant des Colonies : 1798, p. 34.

Bellot (M.), docteur de la faculté de médecine, buste : 1771, p. 43.

Belloy (M. du) : 1765, p. 36 (buste); -67, p. 39; -89, p. 43 (buste).

Belo (Mlle) : 1699, p. 24.

Beloy (Mme du) : 1704, p. 44.

Benier (l'abbé) : 1704, p. 40.

Benoît XIV, pape, buste : 1750, p. 32.

Béon (la comtesse de) : 1787, p. 26.

Bérard (Mme), buste : 1795, p. 72.

Berger (l'abbé), appuyé sur un livre : 1738, p. 31.

Bergeret (M.), receveur général des finances : 1751, p. 24; -77, p. 37.

Bergeron (M.) le fils, jouant de la vielle : 1745, p. 31.

Bergevin, membre du Corps législatif, buste : 1798, p. 73.

Bernadotte, général : 1798, p. 42.

Bernage (M. de), en robe rouge : 1746, p. 14.

Bernard (M.), chevalier de Saint-Louis : 1699, p. 24; 1704, p. 30, 31.

Bernard : 1796, p. 35.

Bernardin (Religieux), en habit de campagne : 1759, p. 19.

Berry (le duc de) et le comte de Provence jouant avec un chien : 1757, p. 25.

— (le duc de) : 1763, p. 19.

Berthelemy (Jean-Simon), peintre : 1777, p. 37.

Berthier : 1795, p. 56.

Berthier (le général) : 1798, p. 34.

Bertin (le R. P.), Minime : 1699, p. 21.

Bertin (M.), secrétaire du duc d'Orléans : 1737, p. 28.

Bertin (M.), ministre : 1769, p. 16, 39 (médaille).

Bertin (Mme) : 1704, p. 34.

Bertin (Nicolas), peintre : 1741, p. 26.

Bertrand (Mme), buste : 1704, p. 24.

Berwick (le duc de) : 1773, p. 28.

Besenval (M. de), en guerrier : 1746, p. 20.

Bessay (M.) tenant un livre de Newton : 1745, p. 24.

Bethune (le marquis de) : 1757, p. 12.

— (MM. de) jouant avec un chien : 1761, p. 23.

Beurnonville (le général) : 1796, p. 45.

Bierne (M. de) en juge consul : 1738, p. 27.

Bièvre (le marquis de) : 1777, p. 26.

Bignon (M.) et son fils : 1775, p. 27.

Bignon (M.), prévôt des mar-

chands, et sa femme, bustes : 1771, p. 45.

Billarderie (le marquis de la) : 1771, p. 38.

Billy (Mlle de) : 1748, p. 27.

Biré (M. de), buste : 1785, p. 48.

Bisache (le duc de) : 1737, p. 25.

Bitaubé, de l'Institut : 1800, p. 87.

Blanc (Mme) : 1798, p. 35.

Blancheton (Mme de) en Muse : 1743, p. 28.

Blôme (le baron de), envoyé du roi de Danemarck : 1773, p. 19.

Blot (Mme) : 1799, p. 21.

Boccage (Mme du) : 1748, p. 27.

Bocquet (Mlle), buste : 1777, p. 45.

Boïeldieu, compositeur : 1800, p. 15.

Boileau-Despréaux (Nicolas) : 1699, p. 24; 1704, p. 31; -85, p. 44 (buste).

Boisière (Mlle de la) : 1738, p. 20.

Boizot (Mme), buste : 1745, p. 33.

— (un enfant de M.) : 1748, p. 23.

— (la famille de M.), par lui-même : 1757, p. 17.

Bonaparte : 1796, p. 45; -98, p. 70 (médaillon), 72 (buste), 82 (médaille); 1800, p. 67 (buste), 81, 84 (camée), 88 (portrait équestre).

Bonard (Mme de), buste : 1781, p. 42.

Bonier de la Mosson (M.), dans son cabinet : 1746, p. 19.

— (Mme), revenant de la chasse : 1742, p. 20.

Bonière (M.) : 1704, p. 44.

Bonnac (Mlle de), buste : 1748, p. 29.

Bonnedame (M.) : 1740, p. 18.

Bonnemaison (le chevalier Féréol), peintre : 1798, p. 16.

Bonnet (la famille du citoyen) : 1795, p. 26.

Bonneval (le comte de), pastel : 1751, p. 29.

Bordeaux (l'archevêque de). — Voy. Audibert de Lussan.

Borie (M.), docteur en médecine, buste : 1767, p. 37.

Bosc (Mme) : 1704, p. 42.

Bosio (J.-F.), peintre, par lui-même : 1798, p. 86.

Bossuet, statue : 1777, p. 42; -79, p. 42.

Bossut (l'abbé), de l'Académie des sciences : 1773; p. 29, 33.

Bossy (Mlle de) : 1765, p. 19.

Bottar, auditeur des Comptes : 1673, p. 30.

Bouchardon (Edme), sculpteur : 1759, p. 22; -77, p. 50.

Bouchault (M.), avocat au Conseil : 1704, p. 31.

Boucher (François), peintre : 1743, p. 25 (pastel); -55, p. 35.

— (Mme) : 1743, p. 25 (pastel); -53, p. 35 (en habit de bal).

Boude (le marquis de) : 1699, p. 19.

Boudrey (Mme) en Muse, dessinant : 1753, p. 20.

Boufflers (le chevalier de) : 1789, p. 47 (buste); 1800, p. 39.

Bouguer (M.) : 1779, p. 52.

Bouillé (le marquis de), buste : 1787, p. 51.

Bouillon (le chevalier de) : 1704, p. 33.

— (la duchesse de) : 1704, p. 18.

— (le prince et le chevalier de) en montagnards, faisant danser la marmotte : 1757, p. 26.

Boulet (M.), inspecteur des théâtres : 1771, p. 27.

Boullongne (Bon), peintre : 1750, p. 29; -57, p. 34.

Boullongne (M. de), contrôleur général des finances : 1759, p. 34.

Boulogne (M.) le jeune : 1704, p. 32, 42.

Bourbon (Charles de), connétable : 1779, p. 52.

Bourceau (M.) : 1793, p. 17.

Bourdelin, doyen de la faculté de médecine : 1738, p. 26; -39, p. 25 (jeton); -42, p. 21 (appuyé sur un livre de musique).

Bourdon (M.) assis à terre, jouant avec des colimaçons : 1745, p. 24.

Bourdon (Mlle) la jeune, tenant une flèche : 1745, p. 24.

Bouré (Mme) : 1704, p. 40.

Bouret (M.), dans son cabinet : 1742, p. 23.

Bourgogne (le duc de) fils du grand dauphin : 1704, p. 10.

— (la duchesse de) : 1704, p. 33 (en habit de chasse), p. 44.

— (le duc de), en pied : 1755, p. 15.

— (Mme de) : 1763, p. 23.

Bourguignon : 1673, p. 35.

Bouticourt (M. de) : 1704, p. 42.

Bouvier, membre du Conseil des Cinq-Cents : 1799, p. 33.

Boyer (Jean-Louis), sculpteur : 1799, p. 90.

Boze (Joseph), peintre, par lui-même : 1791, p. 29.

Brac (la comtesse de), en Aurore : 1741, p. 20.

Brancas (les enfants du comte de) en Amour et en Flore : 1779, p. 16.

Brenet (Nicolas-Guy), peintre : 1787, p. 31.

Bretagne (le duc de) : 1704, p. 10.

Breteuil (l'abbé de) : 1767, p. 12.

— (le baron de) : 1767, p. 16; -87, p. 46.

Brichard, notaire : 1793, p. 16.

Bridan (Charles-Antoine), sculpteur : 1767, p. 31; -87, p. 46.

Brion (Mme) assise prenant du thé : 1750, p. 21.

Brionne (le comte de) : 1737; p. 19.

— (la comtesse de) : 1763, p. 33 (buste); -65, p. 33 (buste); -67, p. 20.

— (la famille de la comtesse de) : 1773, p. 24.

Briqueville (Mme), buste : 1795, p. 69.

Brisay de Denonville (Jean-François de), évêque de Comminges : 1704, p. 33.

Brissac (le duc de) : 1737, p. 23; -43, p. 12; -46, p. 14 (en armure et en manteau ducal).

— (Mgr de), évêque de Condom : 1741, p. 13.

Brission (M.) : 1704, p. 37.

Brizard, comédien et pensionnaire du Roi : 1775, p. 21; -83, 34 (dans le rôle du roi Lear).

— (M. et Mme) : 1773, p. 29.

Broglie (le maréchal de) : 1773, p. 35.

Brognard (les enfants de M.), bustes : 1777, p. 45.

Brogniart (Mlle), fille de l'architecte : 1789, p. 22.

Brosses (Mme des) : 1737, p. 24.

Brühl de Martinskirke (le comte Maurice de) : 1779, p. 52.

Brunet, dans le rôle de Jocrisse : 1799, p. 22.

Bruté (M.), curé de Saint-Benoît : 1763, p. 39.

Buffon (le comte de) : 1773, p. 37 (buste); -77, p. 41 (statue); -83, p. 51 (buste); -89, p. 47 (buste); -96, p. 86; 1800, p. 80.

Bunge (le baron de) : 1753, p. 35.

Burgo (M.) : 1738, p. 21.

Bury (la comtesse de), pierre gravée : 1747, p. 34.

Bustes : 1737, p. 32; -38, p. 29, 30; -42, p. 17; -47, p. 32; -50, p. 20; -57, p. 28, 29; -59, p. 29; -61,

p. 28, 29, 31; -63, p. 34; -67,
p. 37, 38; -71, p. 42, 43; -73,
p. 41, 43; -75, p. 34, 35, 37,
39; -77, p. 41; -79, p. 43; -81,
p. 43, 46; -83, p. 49, 50, 53;
-85, p. 44, 48, 49, 50, 51; -87,
p. 49, 53, 54; -89, p. 43; -91,
p. 38, 39; -93, p. 58, 62, 63, 67,
68, 69; -95, p. 65, 71; -96, p. 73,
75, 76; -98, p. 71, 72, 74, 77;
-99, p. 70, 72; 1800, p. 68, 70,
72.

Bustes d'enfants : 1759, p. 28;
-63, p. 34; -67, p. 36; -77,
p. 47; -79, p. 45; -89, p. 47, 49;
-91, p. 43; -93, p. 64; -96, p. 74,
76; -98, p. 74, 76; -99, p. 69;
1800, p. 89.

Bustes de femmes : 1699, p. 12;
1746, p. 17; -55, p. 32; -75,
p. 35, 39; -77, p. 45; -81, p. 44
(vicomtesse ***), p. 48; -83,
p. 47; -89, p. 51; -91, p. 35,
37, 38, 42, 43, 44; -93, p. 67,
68, 70; -95, p. 67, 70; -96, p. 72;
-99, p. 69, 73.

Bustes d'hommes : 1746, p. 17;
-50, 33; -53, p. 33; -89, p. 45,
48, 49, 50; -91, p. 35, 38, 40, 41,
42, 43, 44; -93, p. 58, 64, 67,
68, 70; -95, p. 67, 68, 70; -96,
p. 72; -99, p. 69; 1800, p. 73.

Bustes de jeune fille : 1746, p. 17;
-48, p. 29; -50, p. 33; -53,
p. 19; -57, p. 30; -61, p. 27; -65,
p. 37 (en Bacchante); -93, p. 62,
67; -95, p. 69 (coiffée d'un
bonnet); -99, p. 69, 70.

Buste de vieillard : 1740, p. 15.

Bustes en cire : 1793, p. 70.

C

C... (M.) : 1747, p. 33; -96, p. 59;
1800, p. 26.

C... (M.), buste : 1798, p. 76.

C... (M. de) : 1787, p. 16.

C... (M.), tenant son chapeau :
1750, p. 31.

C..., membre du Conseil des Anciens : 1796, p. 42.

C... L., représentant du peuple :
1799, p. 41.

C... (Mme) : 1798, p. 31.

C... (Mlle) : 1773, p. 33.

C... (Mlle), de grandeur naturelle,
fond de paysage : 1791, p. 25.

C... (famille du citoyen) : 1798,
p. 13.

C... et sa famille : 1798, p. 33.

Cadet (M.), chirurgien : 1781,
p. 23.

Caffiéri (Jean-Jacques), sculpteur :
1765, p. 25; -71, p. 36; -79,
p. 53; -85, p. 33.

Caila (la comtesse du), buste :
1775, p. 38; -77, p. 45.

Caillot (M.) en chasseur : 1787,
p. 26.

Calonne (M. de), fils du procureur général au parlement de
Flandre : 1757, p. 17.

— (M. de) : 1785, p. 29, 45 (buste).

Cambrai (l'archevêque de). —
Voy. Saint-Albin (Charles de).

Cambis (le marquis de), en pied :
1750, p. 21.

Campan fils : 1800, p. 19.

Camus, peintre, et son père : 1798,
p. 19.

Candeille (Mlle) : 1795, p. 43 (miniature); -96, p. 30 (miniat.).

Canisy (Mlle de) tenant une per-
ruche : 1738, p. 20.

Canonnier : 1793, p. 34.

Capet (Marie-Gabrielle), peintre :
1798, p. 35.

Capitaine de grenadiers : 1796,
p. 53.

Capperonier (l'abbé) : 1740, p. 24,
25 ; -41, p. 26.

Caraman (la vicomtesse de) : 1787,
p. 27.

Carignan (la princesse Joséphine
de) : 1769, p. 18.

Caron (M.) en noir : 1737, p. 14.

Cars (Laurent), graveur : 1759,
p. 20 ; -79, p. 52.

Cartaud (Jean - Sylvain), architecte, et sa femme, bustes :
1704, p. 27.

Cassini (Dominique), buste : 1789,
p. 50.

Catinat (le maréchal de) : 1781,
p. 29 (émail), 47 (statue) ; -83,
p. 53 ; -87, p. 23.

Caumartin (M. de), prévôt des
marchands, buste : 1779, p. 44.

Caumont (le marquis de), en pied :
1751, p. 29.

Caylus (le comte de), médaillon :
1767, p. 35.

— (la comtesse de) : 1743, p. 32.

Celvoy (Mme de) : 1704, p. 36.

Cérutti, buste : 1793, p. 67.

Césargues (l'abbé de), grand au-
mônier de l'oratoire du Roi :
1775, p. 20.

Cessart, inspecteur général des
ponts et chaussées : 1798, p. 17.

Ch... (Mme) tenant dans ses bras
son enfant qu'elle nourrit :
1799, p. 90.

Ch..., homme de lettres : 1799,
p. 31.

Cha*** (Mlle) en Diane, poursui-
vant le cerf : 1769, p. 21.

Chabanon (M. de), de l'Académie
française : 1785, p. 21.

Chaceré-Beaurepaire (Mlle) : 1798,
p. 20.

Chalgrin (Mme), buste : 1779,
p. 45.

Chambroy (le Père), abbé de
Sainte-Geneviève : 1750, p. 28.

Champagne (Philippe de), peintre : 1787, p. 23.

Chapard (M.) tenant une flûte :
1738, p. 26.

Chardin (J.-B.-Siméon), peintre :
1755, p. 35.

Charles de Lorraine (le prince) :
1755, p. 23.

Charles (M.), professeur de physique : 1785, p. 53 ; -98, p. 35.

Charles Ier, accompagné du marquis d'Hamilton : 1781, p. 53 ;
-83, p. 57.

— et sa famille : 1785, p. 56.

Charles IX, buste : 1777, p. 46.

Charlotte, princesse de Lorraine,
abbesse de Remiremont et de
Mons : 1755, p. 23.

Charpentier (le R. P.) : 1704,
p. 25.

Charpentier (Jean-Baptiste), peintre, par lui-même : 1791, p. 50 ;
-96, p. 25.

Charpentier (Mme) : 1704, p. 25.

Charpentier (Mme), par elle-
même : 1793, p. 67 (buste par
elle-même) ; -98, p. 20 ; -99,
p. 89 (avec sa fille).

Charton (M.), secrétaire du Roi :
1757, p. 21.

Chartres (le duc de) : 1737, p. 27 ;
-45, p. 26 (en guerrier) ; -55,
p. 17 (en pied, jetant du pain
à des cygnes) ; -63, p. 28 (avec
Mademoiselle) ; -81, p. 52 (médaille).

— (la duchesse de) : 1745, p. 26
(en Hébé) ; -79, p. 31 ; -83,
p. 59.

Chartreux (un) : 1699, p. 13.

Chasseur (un) : 1799, p. 30, 44 ;
1800, p. 50.

Châtillon (Charles), peintre, et sa
femme à une fenêtre, par lui-

même : 1796, p. 25; -99, p. 20 (par lui-même, miniature).

Châtelet (la marquise du) tenant le livre de l'Institution Physique : 1745, p. 26.

Chatenois (la comtesse de) : 1785, p. 29.

Chauffart, architecte : 1767, p. 18.

Chaulnes (le duc de) en Hercule : 1747, p. 23.

— (la duchesse de) en Hébé : 1745, p. 26.

Chaumel, doyen de la faculté de médecine de Paris, jeton. — Voy. Chomel.

Chaumont de la Galaisière (B.-L.-M. de), évêque de Saint-Dié) : 1781, p. 36.

Chauvelin (l'abbé), conseiller au Parlement : 1763, p. 23; -65, p. 41.

Chavigny (M. de), en déshabillé : 1741, p. 19.

Chazeron (M. de), en armure : 1745, p. 28.

Chénier (André) : 1795, p. 55.

Chénier (Marie-Joseph) : 1795, p. 26.

Chéron (Élisabeth-Sophie), peintre : 1673, p. 36; 1699, p. 24 (avec sa sœur, par elle-même); 1704, p. 22, 37.

Chéron, artiste du Théâtre des Arts, en Consul : 1798 : p. 14.

Chérubini, compositeur : 1793, p. 15.

Chesnard, en porteur d'eau : 1795, p. 54.

Chessy (le maire de) : 1793, p. 37.

Chevalier, général : 1799, p. 21.

Chevalier de Saint-Louis (un) : 1791, p. 26.

Chevreuse (le duc de) : 1748, p. 22 (en cuirasse); -63, p. 36 (buste).

Chicaneau (Jacques), vigneron : 1796, p. 64.

Chimay (la princesse de) : 1767, p. 12.

Choiseul (le cardinal de) : 1767, p. 12.

Chomel, médecin, jeton : 1740, p. 27.

Cindré (M.) : 1704, p. 36.

Clairon (Mlle) : 1757, p. 13 (en Médée); -61, p. 28, buste (en Melpomène).

Clairvaux (l'abbé de) : 1745, p. 34; -63, p. 23; -87, p. 39.

Clermont (le comte de) : 1737, p. 31 (buste); -39, p. 19; -71, p. 18.

— (Mlle de) : 1737, p. 28 (en déesse des eaux de la santé); -42, p. 19, 20 (en Sultane, sortant du bain).

Clermont-Tonnerre (le maréchal de) : 1759, p. 17 (en pied); -65, p. 35 (buste); -67, p. 36.

Clermont-Tonnerre (le comte de) : 1783, p. 34.

— (la comtesse de) : 1785, p. 29, 30.

Clipenhause (le comte de) : 1704, p. 34.

Clotilde (Mme), princesse de Piémont, pinçant de la guitare : 1775, p. 15.

Clugny (Mme la baronne de), buste : 1769, p. 37.

Cochin (Charles-Nicolas), graveur : 1753, p. 35; -59, p. 20; -67, p. 12; -71, p. 28; -73, p. 49; -85, p. 30.

Coigny (le maréchal de), buste : 1755, p. 30.

Coigny (Mlle de) cueillant des fleurs : 1785, p. 23.

Col de Villars, doyen de la faculté de médecine), jeton : 1746, p. 30.

Colande (M. de) : 1742, p. 13.

Colins (M.) : 1755, p. 12.

Collas (Louis-Antoine), peintre, par lui-même : 1798, p. 22.

Collin de Vermont (M.), père du peintre : 1751, p. 21.

Collin de Vermont (Hyacinthe), peintre : 1755, p. 25.

Collot (J.-L.), peintre, par lui-même : 1799, p. 21.

Cologne (l'archevêque, électeur de) : 1748, p. 26.

Colson père : 1793, p. 91.

Colson (J.-François-Gille), peintre, par lui-même : 1795, p. 21 (posant le modèle dans son atelier).

Comminges (l'évêque de). Voy. Brisay de Denonville.

Comminges (le chevalier de) : 1704, p. 20.

Comminges (le comte de) : 1765, p. 15.

Commissaire de marine : 1800, p. 44.

Commissaire général du canton de Berne avec sa famille : 1796, p. 46.

Comtesse de *** (la) en habit de bal : 1765, p. 21.

Comtesse de *** (la) avec son fils âgé de trois mois : 1785, p. 29.

Comus (M.) : 1779, p. 40.

Condé (le grand) : 1704, p. 10 (buste); -73, p. 40 (statue); -85, p. 50; -87, p. 52.

Condé (Louis-Joseph de Bourbon, prince de) : 1753, p. 20 (en cuirasse, jusqu'aux genoux); -55, p. 38; -63, p. 35 (buste); -73, p. 49 (médaille); -79, p. 52.

Condé (la princesse de) : 1753, p. 27; -55, p. 15; -57, p. 25 (le prince et la princesse en jardinier et en jardinière).

Constantin (le prince) de Pologne : 1704, p. 24.

Copette (l'abbé), docteur en Sorbonne : 1773, p. 27.

Coquebert de Montbret (M.) : 1777, p. 39.

Corancès (Mˡˡᵉ de) : 1785, p. 55.

Corbel père, buste : 1798, p. 76.

Corday (Marie-Anne) : 1796, p. 109.

Cordemoy (M. le prieur de) : 1704, p. 29, 30.

Corneille (Pierre) : 1777, p. 41 (buste); -79, p. 42 (statue).

Corneille (Thomas), buste : 1783, p. 47; -85, p. 44.

Cortez (Fernand) : 1800, p. 80.

Cossé (le comte de), colonel : 1741, p. 13; -47, p. 19 (en armure, jusqu'aux genoux).

Cotte (Robert *de*), contrôleur des bâtiments : 1704, p. 10, 11 (buste), 36.

— (Jules-Robert *de*), architecte : 1704, p. 16.

Couperin, avec sa femme et son enfant : 1795, p. 22.

Courbeton : 1795, p. 56.

Courgy (Mᵐᵉ) : 1741, p. 32.

Courtanvaux (le marquis de), buste : 1775, p. 35.

Courtemer (le vicomte de) : 1741, p. 32.

— (la vicomtesse de) : 1741, p. 32.

Courtin (la fille de M.) : 1740, p. 18.

Cousin (Mᵐᵉ) et son fils : 1741, p. 13.

Coustou (Guillaume), sculpteur : 1759, p. 22.

Coutard (M. et Mᵐᵉ) : 1763, p. 23.

Couthon : 1793, p. 27.

Couturier (M.), ancien notaire : 1769, p. 32.

— (Mᵐᵉ) : 1769, p. 32.

Coypel (Antoine), peintre, par
lui-même : 1699, p. 21; 1704,
p. 13 (avec sa femme, par lui-
même), 21.
— (les parents de Charles-Antoine), peintre, en deux ta-
bleaux, au pastel : 1742, p. 12.
— (Noël), peintre, avec sa famille :
1699, p. 14.
Coyzevox (Antoine), sculpteur :
1704, p. 40.
Cozette, tapissier, par lui-même :
1798, p. 86.
Crébillon (M.), appuyé sur un
fauteuil : 1746, p. 20; -47,
p. 34 (pierre gravée); -61, p. 27
(buste); -71, p. 51.
Creil (M. de), maréchal de camp :
1737, p. 18.
Creton (M.), ancien juge consul :
1704, p. 15.
Crétu père : 1800, p. 26.

Crétu (Mme) : 1796, p. 47.
Crévan (le marquis de), en corset
d'armes : 1739, p. 20.
Crillon : 1781, p. 29 (émail).
Cristal (M.) : 1704, p. 36.
Croisat (Mme) travaillant à la tapisserie : 1741, p. 24.
Croissi (le marquis de) : 1775,
p. 23.
Cromot de Fougy (Mme) couron-
née de roses et vêtue en gaze :
1787, p. 32, 50 (buste, en prê-
tresse de l'Hymen).
Crosne (M. de), lieutenant général de police : 1787, p. 20,
47 (buste).
Crozat (Mme) : 1699, p. 21.
Crussol (la baronne de) : 1785,
p. 29.
Czernichew (le comte de), ambassadeur de Russie en France : 1763, p. 23; -65, p. 39.

D

D... (M.) : 1798, p. 31; -99, p. 48;
1800, p. 31.
D..., représentant du peuple :
1799, p. 41.
D... (Mme) : 1800, p. 30.
D... (Mme), auteur de fables :
1793, p. 107.
D... (Mme), tenant son enfant :
1799, p. 88; 1800, p. 20.
Dacier (M.) : 1704, p. 29.
— (Mme) : 1699, p. 24.
Dailly (M.), architecte. — Voy.
De Wailly.
Dalembert (M.). — Voy. Alem-
bert (d').
Dalibard (M.), de l'Académie des
sciences : 1755, p. 26.
— (Mme) : 1755, p. 26.
Damas, artiste : 1798, p. 56.
Dampierre (le général), buste :
1793, p. 58.

Dandré-Bardon (Michel-Fran-
çois), peintre : 1757, p. 21; -75,
p. 41.
Danemarck (le roi de) : 1769,
p. 31.
— (le prince royal de) : 1759,
p. 17.
Dangé (M.), fermier général, avec
une levrette : 1747, p. 23.
— (Mme) sur un sopha, faisant
des nœuds : 1753, p. 22.
Dangeville (Mlle), buste : 1771 :
p. 45.
Dantan : 1673, p. 35.
Dantier (Mlle), buste : 1781, p. 43.
Danton (Mme), buste : 1793, p. 63.
Darcy (M.) : 1769, p. 17.
Darsonval (*Durand*, dit), peintre,
par lui-même : 1799, p. 23.
Daubail (le marquis), en cuirasse : 1746, p. 31.

Daubenton : 1791, p. 50; -83, p. 51 (buste); -98, p. 70.

Daudé (M.), député des états de Languedoc : 1739, p. 21.

Daullé (Jean), graveur du Roi : 1745, p. 32.

Dauphin (le Grand) : 1699, p. 12; 1704, p. 10.

Dauphin (le), fils de Louis XV : 1739, p. 13 (en pied); -40, p. 27; -41, p. 26; -45, p. 36; -46, p. 27; -47, p. 23 (en cuirasse); -48, p. 24; -61, p. 25 (en pied); -63, p. 19 (au pastel); -67, p. 35 (buste).

—(le) et la Dauphine, pierre gravée en sardoine onix : 1759, p. 32.

Dauphin (Louis-Auguste), petit-fils de Louis XV : 1767, p. 36 (buste); -69, p. 32; -73, p. 50 (en pied, tapisserie).

Dauphin (le), fils de Louis XVI : 1789, p. 58.

— (le) et Madame tenant un nid d'oiseaux dans un jardin : 1785, p. 28.

Dauphine (feue Mᵐᵉ la), princesse d'Espagne, en pied : 1748, p. 21.

Dauphine (Mᵐᵉ la) : 1751, p. 23; -63, p. 19; -71, p. 28 (émail); -73, p. 23.

Davin (Mᵐᵉ), peintre, avec son époux et ses enfants, par elle-même : 1798, p. 24.

De Amici (Mˡˡᵉ), en habit de caractère : 1759, p. 25.

Debrie (Jean), député : 1793, p. 102.

Defarcy (M.) : 1740, p. 29.

Delacroix, député : 1793, p. 34, 45.

De la Grange (M.), religieux de Saint-Victor : 1673, p. 32.

Delahaye (Mˡˡᵉ), joaillier : 1737, p. 16.

Delamalle, avocat, plaidant : 1799, p. 90.

Delastre (M.), procureur au Châtelet : 1745, p. 25.

Delaunay (M.), gouverneur de la Bastille : 1747, p. 26.

Delaunay l'aîné, d'Angers, 1793 : p. 22.

Delepée (Mˡˡᵉ) la jeune, en habit rose : 1748, p. 28.

Delestre (les enfants de M.) : 1737, p. 22.

Delille (l'abbé) : 1798, p. 60.

Delille (Mˡˡᵉ), de l'Odéon : 1800, p. 23.

Delorme (Philibert), médaillon : 1783, p. 54.

Delorme (le citoyen), buste : 1793, p. 66.

Delpèche (M.), avocat général de la cour des Aides : 1704, p. 34.

De Machy (Pierre-Antoine), peintre, buste : 1785, p. 47.

Demarne (Jean-Louis), peintre : 1796, p. 29.

Demautort : 1799, p. 30.

Demoyel (le petit) tenant une poule huppée : 1746, p. 31.

Denis (M.) : 1765, p. 19.

Denis (M.), trésorier des bâtiments du Roi, et sa femme : 1765, p. 29.

Denis (Mᵐᵉ) à sa toilette : 1742, p. 23.

Déon de Beaumont (Mˡˡᵉ) : 1787, p. 56.

Député lisant une inscription sur une colonne milliaire : 1798, p. 58.

Desaide, musicien. Voy. Dezède.

Descartes (René) : 1777, p. 41 (statue); -99, p. 86.

Desbrosses (Mˡˡᵉ) : 1796, p. 48.

Deschamps (M.) : 1737, p. 29 (en géomètre); -38, p. 29 (en solitaire).

Deschamps (Mme) avec un lapin : 1738, p. 29.

De Seine (Mlle), femme Dufresne : 1737, p. 26 ; -40, p. 26.

Desfontaines (M. l'abbé) : 1742, p. 23 ; -43, p. 38.

Desfonts (M.), buste : 1791, p. 33.

Desforges (Choudard-), auteur dramatique : 1791, p. 24.

Desfourniel (M.) : 1753, p. 35.

— (Mme), en Hébé : 1746, p. 19.

— (Mlle) : 1753, p. 35.

Desfriches (M.) : 1751, p. 29.

Desgarcins (Mlle), actrice : 1793, p. 44 ; -95, 43 (miniature).

Deshais-Gendron (M. Claude), médecin : 1742, p. 30.

Deshayes (M.), en habit polonais : 1740, p. 18.

Deshays (Mme) : 1765, p. 30.

Deshoulières (Mme) : 1796, p. 86.

Desilles (M.), buste : 1791, p. 44.

Desjardins (Martin), sculpteur : 1704, p. 41.

Desjardins (Mlle) tenant un dessus de viole : 1750, p. 24.

Desmarets (Mlle) : 1740, p. 26.

Desplais (M.), appuyé sur un livre : 1742, p. 19.

— (Mme) en Espagnole : 1742, p. 19.

Desportes (Alexandre-François), peintre : 1699, p. 23.

Des Portes (Mlle) : 1704, p. 24.

Despréaux (Nicolas Boileau). Voy. Boileau.

Desprez, doyen des imprimeurs ordinaires du Roi : 1704, p. 36.

Dessault, chirurgien de l'Hôtel-Dieu, buste : 1798, p. 76.

Dessoles, acteur, buste : 1796, p. 73.

— (Mme), acteur, buste : 1796, p. 73.

Destouches (Néricault), buste : 1781, p. 44.

Desvieux (un des enfants du président) : 1761, p. 23.

Devienne (Mme), actrice du Théâtre-Français : 1799, p. 59.

Dewits (la citoyenne) répandant des fleurs : 1793, p. 27.

Dezède, musicien : 1793, p. 33.

Dibon (Mme) prenant du café : 1742, p. 23.

Dicquemarre (l'abbé), naturaliste, buste : 1795, p. 65.

Diderot : 1767, p. 12 ; -71, p. 45 (buste), 51 ; -89, p. 47.

Dijon (l'évêque de).—Voy. Vogué.

Dijon (le citoyen) : 1796, p. 37.

Dillon (Arthur-Richard de), archevêque de Narbonne : 1783, p. 22.

Dillon, vérificateur des poids et mesures : 1798, p. 17.

Disle (M.), buste : 1750, p. 20.

Dombes (le prince de) : 1704, p. 25.

Domergue (le chevalier), en pied : 1737, p. 30.

Dominiquin (le), peintre : 1798, p. 84.

Doré (M.) : 1704, p. 33.

Dortous de Mairan (feu M. J. J.) : 1779, p. 52.

Doucet, chef de l'état-major général de la place de Paris : 1800, p. 28.

Douet (Mme), en habit de bal : 1755, p. 25.

Doujat (M.) : 1699, p. 21.

Doyen (Gabriel-François), peintre : 1787, p. 31.

Doyens de la Faculté de médecine (les derniers), jetons : 1765, p. 43. — Voy. Bourdelin, Chomel, Col de Villars, Léaulté, de Lepine, Le Thieullier, Le Vacher, Martinenq, Philippe, Pourfour du Petit, Reneaume, Sallin.

Drolling (Martin), peintre, par lui-même : 1793, p. 51 ; 1800, p. 28.

Drouais (François-Hubert), peintre, par lui-même : 1741, p. 32 ; -46, 31.

Drouais (Jean-Germain), peintre : 1789, p. 32.

— (Mme) : 1789, p. 32.

Du *** (Mme) avec un éventail : 1750, p. 31.

Dublin, artiste du Théâtre-Français : 1799, p. 90.

Dubois. — Voy. Henri.

Dubois-Crancé, député : 1793, p. 56 ; -99, p. 41 (avec son épouse).

Dubourg (le maréchal Léonor-Marie du Maine, comte) : 1745, p. 37.

Dubourg, peintre, par lui-même : 1798, p. 87.

Duché (M.), en cuirasse : 1742, p. 21.

Duchesse (Madame la) mère : 1731, p. 15.

Ducis : 1777, p. 26 ; -79, p. 42 (buste).

Ducis (M.), l'Américain : 1785, p. 22.

Duclos (M.) : 1748, p. 24 ; -53, 23.

Ducray-Duménil : 1796, p. 35.

Ducreux (Joseph), peintre, par lui-même : 1795, p. 26 ; -98, p. 27.

— (Mlle Rose), peintre, jouant de la harpe, par elle-même : 1791, p. 48.

Duflos (M.) tenant un porte-crayon : 1755, p. 12.

— (Mme), en robe de satin garnie de martre : 1755, p. 12.

Dufour (Mme), nourrice du Dauphin : 1753, p. 20.

Dufresny (buste) : 1781, p. 42.

Dufresne, général de division : 1799, p. 28.

Dugas de Bois Saint-Just (Mme), de Lyon : 1771, p. 28.

Dugazon (Mme), actrice : 1787, p. 26 ; -96, p. 47.

Duguesclin (Bertrand), statue : 1789, p. 48.

Duhamel du Monceau (M.), inspecteur général de la marine : 1767, p. 40.

Dumesnil (Mme), en mantelet noir : 1740, p. 31.

Dumesnil (Mlle) : 1755, p. 19.

Dumont le Romain (Jean), peintre : 1742, p. 31 (jouant de la guitare) ; -48, p. 24.

Dumont (Mme veuve), buste : 1799, p. 70.

Duparc, graveur : 1793, p. 106.

Dupaty (le président), buste : 1789, p. 47.

Duperel (M.) : 1773, p. 21.

Duperron (Mme) : 1755, p. 12.

Dupin de Saint-Julien (Mme) : 1785, p. 30 (pastel).

Duplan (Mlle), buste : 1779, p. 47.

Dupleix (le marquis), buste : 1787, p. 48.

Dupleix (M.), fermier général, 1737, p. 15.

Duplessis (Joseph-Silfrède), peintre, par lui-même : 1781, p. 23.

Duplessis (le brave) : 1793, p. 48.

Duplex de Baquancourt (Mme), à sa toilette : 1739, p. 20.

Dupont de Nemours, de l'Institut : 1798, p. 27.

Duport (M.) : 1773, p. 29.

Duport (M.), député : 1791, p. 10 (en ovale).

Dupouch (M.) dans un fauteuil : 1739, p. 19.

Dupré de Saint-Maur (M.), conseiller d'État : 1785, p. 35.

Duquesne (Abraham), statue : 1785, p. 49 ; -87, p. 59.

Durand (M.) : 1704, p. 36.

Duret (Mme) : 1740, p. 30.
Dussaux, membre de l'Institut :
    1798, p. 27.
Duval (M.) : 1745, p. 36.
Duvigeon (Mme) : 1741, p. 25.
Duvivier (Jean), graveur en mé-
dailles, médaille : 1798, p. 83.
Duvivier (Pierre-Simon-Benja-
    min), graveur en médailles :
    1800, p. 28 (miniature).
Du Vivier (M. l'abbé) : 1704,
    p. 20, 22.

E

E. D. B. (Mme), buste : 1777,
    p. 42.
E... (M.) : 1798, p. 31.
Edelinck (Gérard), graveur :
    1799, p. 86.
Édouard (le prince) : 1748, p. 24.
Egmont (la comtesse d') : 1763,
    p. 23; -69, p. 33 (buste); -71,
    p. 38.
Elbeuf (le prince d') avec Mlle de
    Lorraine et Mlle d'Elbeuf, re-
    présentant l'Amour enchaîné
    et désarmé : 1763, p. 25.
Elbeuf (la duchesse d') : 1699,
    p. 21 (avec ses filles); 1704,
    p. 25.
— (Mlle d') : 1704, p. 24.
Électeur (Un) de 1792 : 1793,
    p. 57.
Élisabeth (Mme), peinte jusqu'aux
    genoux appuyée sur une table :
    1787, p. 26.
Élisée (le R. P.), buste : 1783,
    p. 53.
Élizabeth, impératrice de Rus-
    sie, médaillon : 1767, p. 35.
Elleviou, dans le rôle du Prison-
    nier : 1798, p. 16.
Empereur (l'), tapisserie : 1773,
    p. 50.
Enghein (François de Bourbon,
    comte d') : 1779, p. 52.
Entier (Mlle d') : 1793, p. 104.
Ernest-Louis, duc de Saxe-Go-
    tha et Altembourg, buste :
    1773, p. 42.
Ernouf, général : 1798, p. 27.
Espagnac (le baron d'), fils :
    1787, p. 26.
Espagne (l'ambassadeur d') :
    1755, p. 25; -59, p. 34.
Esseid-Aly-Effendi, ambassadeur
    de la Porte : 1800, p. 80.
Estrées (le cardinal d') : 1704,
    p. 24.
Estrées (le maréchal d') : 1759,
    p. 11.
Etemare (l'abbé d') : 1775, p. 41.
Eu (le comte d') : 1704, p. 33.
Évêque (un) : 1785, p. 24; -91,
    p. 28.
Évreux (le comte d') : 1704,
    p. 39; -42, p. 35.

F

F... (le citoyen), membre du Con-
    seil des Cinq-Cents : 1798, p. 10.
F... (M.), en pied, dans un pay-
    sage : 1799, p. 57.
F... (Mme) : 1796, p. 55; -98,
    p. 19 (miniature).
Falconet (M.), médecin du Roi :
    1763, p. 38.
Farcy (M. de) tenant un livre :
    1739, p. 21.
Favart père : 1800, p. 29.
Favart (M.), buste : 1783, p. 47.

Favart (Mᵐᵉ), sous l'habit de Bastienne : 1755, p. 36.

Felt (M. et Mᵐᵉ) jouant aux dames : 1741, p. 19.

Fénelon (M. de), archevêque de Cambrai : 1785, p. 54; -77, p. 44 (statue).

Férand, peintre en émail, buste : 1704, p. 24.

Ferme l'Huis (M.) : 1699, p. 24.

Ferrand (M.), avocat au Parlement : 1738, p. 27.

Ferrand (Mˡˡᵉ), méditant sur Newton : 1753, p. 23.

Ferrier (M.), musicien : 1741, p. 22.

Feuillans (le R. P. général des) : 1704, p. 24, 25.

Feuquières (la comtesse de), buste : 1738, p. 30. — Voy. Mignard (Catherine).

Fiacre (le frère) de Nazareth : 1739, p. 19.

Figuel (M.) : 1673, p. 35.

Finot (M.), médecin : 1704, p. 16.

Fitz-James (le chevalier de) : 1767, p. 12.

Flamarens (le marquis de) : 1704, p. 30.

Flameville (l'abbé de) : 1704, p. 39.

Fleury (le cardinal de), cire pour médaille : 1737, p. 31.

Fleury, artiste du Théâtre-Français : 1796, p. 61 (dans sa prison); -98, p. 88.

Floncel (M.), censeur royal, buste : 1765, p. 37.

Fontanel (M. de) : 1779, p. 31.

Fontanieu (M. de) : 1779, p. 52.

Fontenay (M. et Mᵐᵉ de) : 1704, p. 17.

Fontenelle : 1798, p. 84; -48, p. 29 (buste).

Fontpertuis (M. de), conseiller au Parlement : 1739, p. 19.

Forest (Jean-Baptiste), peintre : 1704, p. 33.

Forfait, ministre de la marine : 1800, p. 48.

Forte (l'abbé de), maître de chapelle du Régent : 1745, p. 29.

Fournier (Jean-Simon), peintre : 1796, p. 68.

Fragonard (Jean-Honoré), peintre : 1798, p. 44.

France (Madame de) : 1759, p. 13.

François (Henri-J.), peintre, par lui-même : 1798, p. 32; 1800, p. 31.

— fils : 1799, p. 31.

— (Mˡˡᵉ) : 1798, p. 32.

Francueil (M. de) appuyé sur un livre de musique : 1739, p. 20.

Franklin (Benjamin) : 1777, p. 42 (buste); -79, p. 31, 45 (buste), 51; -91, p. 37 (buste); -93, p. 62 (statue); -95, p. 83; -96, p. 87.

Frédéric III, duc de Saxe-Gotha et Altembourg, buste : 1773, p. 42.

Frédéric-Guillaume, prince de Prusse, buste : 1783, p. 53.

Frédérique-Louise, sœur du duc de Saxe-Gotha, buste : 1773, p. 42.

Fremin (René), sculpteur : 1742, p. 26; -47, p. 31.

Freret-Dericour (Mᵐᵉ) : 1769, p. 32.

Fridzeri, artiste : 1799, p. 91.

Fumeron (Mᵐᵉ de), en Muse : 1742, p. 23.

G

G*** (Mᵐᵉ) : 1779, p. 52; -99, p. 36 (au bain).

G*** (Mᵐᵉ A.), dessin : 1799, p. 62.

Gabriel (M.), trésorier des bâtiments : 1699, p. 22.
— (Mme) : 1699, p. 20.
Gabriel (Mlle) : 1753, p. 23.
Galitzin (le prince de), ambassadeur de Russie à Vienne :
1763, p. 25; -69, p. 39.
— (les princesses), médailles :
1765, p. 40.
Gallée (M.), tenant une tabatière :
1742, p. 19.
Galloche (Louis), peintre : 1777,
p. 49.
Gambs (Mme) : 1796, p. 21.
Gand (vicomte de), pastel : 1787,
p. 28.
— (vicomtesse de), pastel : 1787,
p. 28.
Garçons (têtes de jeunes) : 1704,
p. 36, 43 ; -59, p. 28 ; -93, p. 62.
Garik (M.), buste : 1765, p. 33.
Garnerey fils : 1793, p. 29.
Gassion (le comte de) : 1599,
p. 19.
Gaugy (Mlle) au pastel : 1769,
p. 17.
Gausargues (l'abbé), secrétaire
ordinaire du comte d'Artois :
1775, p. 21.
Gautier (M.), valet de chambre
du duc d'Orléans : 1737, p. 28.
Gauthier de Claubri, chirurgien :
1799, p. 48.
Gautier (Mlle) : 1737, p. 26.
Gedouin (l'abbé) : 1743, p. 24.
Geffroy (M.), ancien échevin :
1704, p. 15.
Gelé (C.-J.), imprimeur : 1796,
p. 39.
Geli (Mme de) : 1753, p. 23.
Gendarme de la garde du Roi :
1785, p. 42.
Général (un), membre du Conseil
des Anciens : 1796, p. 30.
Genlis (la comtesse de), buste :
1771, p. 44.

Gennings (le chevalier) : 1769,
p. 16.
Gentil (M. de), capitaine de dra-
gons : 1783, p. 60.
Genty (J.-B.), peintre, dans son
atelier, occupé à peindre, par
lui-même : 1799, p. 34.
Geoffroy, ancien échevin : 1699,
p. 15.
George (Mlle) l'aînée : 1742, p. 25.
Gerbier, avocat au Parlement :
1769, p. 31; -67, p. 35 (buste);
-71, p. 39 (buste); -81, p. 46
(buste).
Gié (Mme de) : 1704, p. 32.
Giffort (le chevalier) : 1704, p. 22,
37.
Gilbert (le P.), Augustin : 1704,
p. 23.
Gilbert de Voisins, conseiller
d'État : 1761, p. 24.
Gillet (Louis), maréchal des lo-
gis, buste : 1795, p. 65.
Gillet (M.), procureur : 1704,
p. 40.
Gillet (M.), avocat au Parlement,
appuyé sur un bureau, tenant
un livre à la main : 1757, p. 17.
Gilquin (M.), peintre : 1745, p. 32;
-46, p. 31.
Ginguené : 1795, p. 55.
Girardon (François), sculpteur :
1757, p. 29 (buste); -96, p. 86.
Giroult, peintre : 1791, p. 51.
Giroult, sculpteur : 1799, p. 59.
Gléon (la marquise de), buste :
1765, p. 33.
Gluck (le chevalier) : 1775, p. 24,
38 (buste); -77, p. 45 (buste);
-79, p. 52.
Gobert (Mlle) : 1704, p. 32.
Godelfroid (Mme) : 1755, p. 26.
Godefroy (le fils de M.), joaillier :
1738, p. 25.
Godin (M. et Mme) : 1699, p. 19.

Godonnesche (M.), ordinaire de la musique du Roi : 1745, p. 29.

Gois (C.), buste : 1798, p. 74.

Gois (Étienne - Pierre - Adrien), sculpteur : 1773, p. 32; -83, p. 35.

Gonneau (la petite fille de M.) tenant un lapin : 1751, p. 24.

Gontaud (la duchesse de) : 1737, p. 20.

Gontier (Mᵐᵉ) : 1796, p. 47.

Gossec (M.), musicien : 1791, p. 15.

Gotz (Mᵐᵉ des) : 1704, p. 42.

Goubert (M.) et sa famille : 1704, p. 42.

Gougenot (le buste en bronze de l'abbé) : 1769, p. 16.

Gourlin (l'abbé) : 1777, p. 48.

Gramont-Caderousse (la comtesse de) : 1785, p. 29.

Grand Maître de Navarre (le) tenant un plan : 1743, p. 39.

Grandménil, acteur, buste : 1796, p. 75.

Grand Prieur (le) : 1745, p. 26.

Grandval (M.), acteur : 1742, p. 18 (dans un jardin); -55, p. 36.

Grandval (Mˡˡᵉ) en Naïade : 1742, p. 21.

Grant (Mᵐᵉ) : 1783, p. 34.

Grécourt (l'abbé de) : 1755, p. 38.

Grégoire (M.) : 1741, p. 14.

Gresset, buste : 1787, p. 49.

Gretry : 1781, p. 42 (buste); -85, p. 29; -87, p. 56; -98, p. 32.

Greuze (Jean-Baptiste), peintre : 1761, p. 26 (par lui-même); -63, 37.

Greuze (Mᵐᵉ) : 1761, p. 26 (en Vestale); -63, p. 28; -65, p. 25.

Grouchy, général : 1800, p. 11.

Guelwin (M.) : 1763, p. 21.

Guémené (le prince de) et Mˡˡᵉ de Soubise en vendangeur et vendangeuse : 1757, p. 26.

Guerrois (Mᵐᵉ), fille de Roucher : 1799, p. 25.

Guesnon de Ponneuil (Mᵐᵉ) en Africaine : 1769, p. 16.

Guette (Mᵐᵉ de la) : 1704, p. 29.

Guiard (Mᵐᵉ), peintre : 1783, p. 35 (par elle-même); -98, p. 19 (en miniature).

Guiard (le père de Mᵐᵉ), buste : 1785, p. 44.

Guibert (M.) : 1765, p. 25.

Guichard (M.), agent du duc de Lorraine, buste : 1753, p. 19.

Guichard, poète : 1798, p. 32.

Guichard : 1795, p. 30.

Guiche (la marquise de la) : 1783, p. 34.

Guichon (Mᵐᵉ) : 1704, p. 17.

Guillain (Simon), sculpteur : 1747, p. 31.

Guillaume Tell, buste : 1795, p. 63.

Guillemain (Mᵐᵉ) : 1704, p. 44.

Guillotin (le docteur) : 1785, p. 55.

Guimont (Mᵐᵉ) : 1704, p. 34.

Guldiman (M.), officier : 1740, p. 31.

Gustave Adolphe : 1781, p. 29 (émail); 1800, p. 72 (buste).

Guyot (Mᵐᵉ) : 1699, p. 20.

Guyot de Reverseau (M.), avocat : 1755, p. 26.

H

Hallé (Noël), peintre : 1775, p. 29; -67, p. 37 (buste); -75, p. 39 (buste).

Hanguer (M.), échevin d'Amsterdam : 1763, p. 21.

Harant [1] (Mᵐᵉ) : 1738, p. 18.

1. Peut-être la femme du fermier général Harenc de Presle.

Harcourt (le chevalier d') : 1673, p. 31.

Harcourt (le marquis d') en cuirasse : 1755, p. 18.

Harcourt (Mlle d'). — Voy. Lillebonne (Mme de).

Hardouin (M.), avocat, buste : 1789, p. 48.

Hauteville (la marquise d') : 1699, p. 19.

Haüy : 1800, p. 46.

Hazon (Michel-Barthélemy), architecte : 1761, p. 24 (pastel).

Hé... (les citoyennes) : 1798, p. 39.

Hébert[1] (M.), commissaire au Châtelet : 1740, p. 17.

Héloïse et Abélard, bustes : 1800, p. 70.

Helvétius : 1755, p. 12; -73, p. 38 (buste), 49; -95, p. 66 (buste), 83; 1800, p. 73 (buste). — (Mme) : 1755, p. 12.

Henain[2] (M.), ancien capitaine de cavalerie : 1737, p. 23.

Henri, dit Dubois, soldat : 1789, p. 26.

Henri IV en buste, médaille : 1769, p. 41.

Henri de Prusse (le prince), buste : 1787, p. 51; -89, p. 47.

Henri de Suède (le prince), buste : 1785, p. 48.

Henriette (Mme) : 1751, p. 23; -55, p. 15 (en pied, jouant de la viole); -59, p. 33.

Henriette de France, femme de Charles Ier, avec ses deux enfants : 1785, p. 53.

Henry, acteur : 1796, p. 28.

Hérault (Charles-Antoine), peintre : 1704, p. 25.

Hérault de Séchelles : 1793, p. 29, 92.

Héricourt (M. de) : 1771, p. 36.

Hery (Mme) : 1741, p. 32.

Hesse - Hombourg (Anastasie, landgrave de), née Troubetzkoy : 1757, p. 21.

Hilarion (le frère), Récollet, en oculiste : 1737, p. 15.

Hillebrand (M.), gentilhomme suédois : 1783, p. 60.

His (Mme), buste : 1775, p. 38.

Holain, peintre, par lui-même : 1799, p. 90.

Holbach (le baron d'), buste : 1789, p. 46.

Hotterelle (M.) : 1740, p. 17.

Houdon (Jean-Antoine), sculpteur : 1800, p. 20.

Houze (la baronne de la), buste : 1775, p. 38.

Howard (le colonel), médaille : 1789, p. 55.

Hubert (Auguste), architecte, buste : 1798, p. 75.

Hue (Jean-François), peintre, buste : 1787, p. 49. — (Mme) : 1781, p. 22.

Huet (M.), échevin : 1746, p. 14.

Huet père : 1799, p. 38.

Hugot (M.) : 1673, p. 31.

Hugot aîné, artiste du théâtre Feydeau : 1800, p. 11.

Hunauld (M.), médecin : 1743, p. 28.

Hunlington (milord d'):1753,p.28.

Humières (la fille de la duchesse d') : 1699, p. 16.

Huquier (Jacques-Gabriel), graveur : 1738, p. 27; -47, p. 33. — (le fils de M.) tenant un lapin : 1747, p. 33.

---

1. Il n'y a pas eu de commissaire au Châtelet nommé Hébert. C'est Hubert que le rédacteur du livret a sans doute voulu dire.

2. Probablement Hennin.

Hussard de Chamboran : 1800, p. 34.

Hypolite (Mme), actrice : 1796, p. 28.

I

Impératrice (l') reine de Hongrie, buste : 1750, p. 27 ; -73, p. 49 (médaille), 50 (tapisserie).
Indien (jeune prince) : 1791, p. 17.
Indienne (jeune) : 1793, p. 11.
Infante (Mme), en habit de chasse : 1761, p. 14.

Ingénieur (un) : 1793, p. 34.
Isabelle (l'infante), en pied : 1753, p. 20.
Isabey (Jean-Baptiste), peintre : 1796, p. 36.
— et sa famille, par lui-même : 1798, p. 37.
Isolis (Mlle) : 1699, p. 23.

J

J. M. (Mme) : 1800, p. 64.
Jacobin (un R. P.) : 1748, p. 23.
Jacques III, roi d'Angleterre : 1704, p. 22, 37.
Jamaïque (le marquis de la) : 1773, p. 28.
Janvier, mécanicien-astronome : 1798, p. 35.
Jassaut (M. de) : 1704, p. 43.
— (la présidente de) : 1704, p. 44.
Jaucourt (la comtesse de), buste : 1777, p. 45.
Jeannin (le président) : 1745, p. 37.
Jeaurat (Étienne), peintre : 1755, p. 25 ; -69, p. 28 ; -71, p. 38 ; -77, p. 49.
Jeaurat (Edme-Sébastien), peintre : 1800, p. 90.
Jeliotte (M.) en Apollon, s'accompagnant de sa lyre : 1755, p. 18 ; -75, p. 44.
Joad Mogal (le marquis) : 1781, p. 30 (émail).
Jolival (M. de), maître écrivain de Paris : 1741, p. 22.
Joly (Mlle), actrice du Théâtre-Français, buste : 1799, p. 73 ; 1800, p. 73 (statue).

Joly père et fils, conservateurs des estampes, bustes : 1798, p. 72, 73.
Jones (Paul) : 1781, p. 46 (buste), p. 54.
Joseph II, empereur, buste : 1777, p. 46.
Joséphine de Carignan (la princesse). — Voy. Carignan.
Josse, chimiste : 1800, p. 18.
Josset (Mme), libraire : 1704, p. 37.
Josson (M.), auditeur des comptes : 1741, p. 19.
Jouard : 1796, p. 28.
Joubert (M.) : 1740, p. 29.
— (Mme) : 1740, p. 29.
Jourdans (l'abbé), chanoine de Saint-Louis au Louvre : 1769, p. 32.
Journu (Mme) la mère : 1769, p. 17.
Jouvenet (François), peintre, par lui-même : 1737, p. 27.
— (Mme), peinte par son mari : 1737, p. 27 ; -41, p. 18 (en habit violet).
Julienne (Mme de) : 1748, p. 27.
Jussieu (Bernard de) : 1800, p. 80.

K

Kam (M.) en habit de velours noir : 1750, p. 31.

Kaunitz (le comte de) jusqu'aux genoux, tenant son chapeau : 1753, p. 22.

Kléber, général : 1798, p. 34.

L

L*** (M. de), avec une bergère : 1742, p. 26.

L*** (M.), tenant une lettre, pastel : 1747, p. 33.

L*** (Mme) : 1796, p. 67.

L. E. (baronne de) : 1779, p. 53.

Labadye père : 1798, p. 37.

La Barre (M.), ordinaire de l'Académie de musique : 1699, p. 24.

La Blancherie (Pahin de) : 1779, p. 40.

La Borde (M. de), avocat, en habit de velours pourpre : 1745, p. 24.

Labouchardie (Mme) : 1796, p. 30.

La Briche (Mlle de) : 1787, p. 26.

La Chabaussière, homme de lettres : 1795, p. 26.

La Chalotais (M. de), procureur général au parlement de Bretagne : 1765, p. 41.

La Chanterie (Mlle de), actrice : 1759, p. 21.

La Chapelle (M. de) : 1753, p. 26.

— (Mme de), tenant une brochure : 1753, p. 26.

La Chaussée (M. Nivelle de) : 1753, p. 23.

La Chevalerie (M. de) : 1704, p. 36.

La Condamine (M. de) : 1753, p. 23; -71, p. 42 (buste).

Ladoireau (Mme) : 1704, p. 42.

La Faye (M. de), vice-directeur de l'Académie royale de chirurgie, buste : 1769, p. 35.

La Fayette (M. de) : 1787, p. 51 (buste); -91, p. 28, 37 (buste).

La Fayette (la marquise de) : 1704, p. 34.

La Ferté (Mme de) : 1783, p. 59.

La Fleur, comédien : 1673, p. 32.

La Font (Mlle de) : 1775, p. 41.

La Fontaine (Jean de) : 1704, p. 39; -79, p. 43 (buste); -83, p. 50 (statue), 51 (buste); -85, p. 47 (statue); -96, p. 80.

La Forge (M.), Général des Mathurins : 1699, p. 24.

La Fosse (Charles de), peintre : 1704, p. 41.

Lafosse : 1798, p. 44.

La Grange (Mme de) : 1787, p. 26.

Lagrenée (Louis-Jean-François), peintre : 1789, p. 31.

La Grive (l'abbé de), géographe, tenant un plan : 1745, p. 29.

La Guiche. — Voy. Guiche.

La Haye (M. de), en astrologue : 1738, p. 16.

— (Mme de), en liseuse : 1738, p. 16.

La Joue (la famille de M. de), par lui-même : 1737, p. 18.

La Live de Jully (M. de), buste : 1765, p. 35.

Lallemand (M.) : 1699, p. 23.

Lallemant de Betz (la famille de M.) : 1746, p. 14.

Lallier (M. et Mme) : 1704, p. 17.

Lally-Tolendal (le comte de) : 1781, p. 34; -87, p. 39; -89, p. 35.

La Martellière (M. de), maître des requêtes : 1704, p. 34.

— (Mme de) : 1704, p. 34.

La Massais (la comtesse de), en domino : 1755, p. 25.

Lamballe (la princesse de) : 1781, p. 33.

Lambert de Thorigny, sa femme et son fils : 1699, p. 18, 19.

Lambesc (Mlle de) en Minerve : 1737, p. 19.

Lamet (M.), ancien curé de Saint-Eustache : 1704, p. 41.

Lameth (Charles de), député : 1791, p. 19, 24.

Lameth (M. Alexandre de), député : 1791, p. 23.

Lamoignon (Guillaume de), chancelier : 1751, p. 25; -55, p. 26; -57, p. 32.

La Mothe (Mlle de) : 1704, p. 31.

La Motte (M. de) : 1704, p. 43.

— (M. de), de Conflans : 1704, p. 42.

La Motte (M. de), chirurgien : 1745, p. 31.

La Motte (M. de), médecin : 1791, p. 13.

La Motte-Piquet (M. de) : 1783, p. 57.

La Mouchetière (M. de la), jeton : 1771, p. 49.

Landrion (M.), valet de chambre du comte de Clermont : 1739, p. 19.

Lange (Mlle), actrice : 1793, p. 104. — Voy. Simons (Mme).

Langeac (le comte de) : 1767, p. 12.

— (Mlle de) : 1767, p. 12.

Languet de Gergy (Jean-Joseph), archevêque de Sens : 1745, p. 30.

Languet de Gergy, curé de Saint-Sulpice, buste : 1759, p. 29.

Lanquetin (M.), commis des Me-

nus-plaisirs du Roi : 1747, p. 28.

Langlois (M.) : 1699, p. 22.

Lannes (le général) à cheval : 1800, p. 88.

La Noix (Mme la chevalière de) : 1741, p. 19.

Lantara (Simon-Mathurin), peintre : 1798, p. 34.

La Popelinière (Mme de) : 1771, p. 32.

Laquiante (le citoyen) : 1798, p. 43.

La Ravoye (Mme de) : 1704, p. 11 (buste), 39.

Largillière (Nicolas de), peintre, buste : 1737, p. 17.

La Rive, dans le rôle de Brutus, buste : 1783, p. 52; -85, p. 48.

La Roche (M. de) et M. Tournière ensemble : 1704, p. 42.

La Roche-Aimon (Charles-Antoine de), archevêque de Reims : 1765, p. 43 (jeton); -69, p. 16; -73, p. 49 (médaille).

La Roche de Fontenille (Antoine-René de), évêque de Meaux : 1755, p. 18.

La Rochefoucauld (le cardinal de), archevêque de Rouen : 1771, p. 50; -81, p. 52 (médaille), 44 (médaillon).

Lassonne (M. de), premier médecin du Roi : 1785, p. 21.

La Tour (Maurice-Quentin de), peintre : 1737, p. 33 (par lui-même); -42, p. 31 (par lui-même, avec un chapeau); -43, p. 38 (d'après lui-même); -48, p. 29 (buste); -50, p. 31 (en surtout noir); -63, p. 33.

La Tour d'Auvergne (le comte de) : 1765, p. 33.

La Tour d'Auvergne, premier grenadier de la République, statue : 1800, p. 69.

La Traverse (Mme), appuyée sur une table : 1743, p. 24.

La Tremblaye (le marquis de) : 1704, p. 37.

Latude (le chevalier de) : 1789, p. 27; -91, p. 16, 31.

L'Aubépine (le marquis de) : 1742, p. 19 (en cuirasse).

Laugeois (M.), la main sur un livre : 1739, p. 22.

Launay (M. de) et sa famille : 1704, p. 42.

Lauthier (M.), avocat au Conseil : 1704, p. 30.

Laval-Montmorency (Mme de), duchesse de Loos de Cosse-Warem : 1748, p. 22.

La Valette (la marquise de), pinçant de la harpe : 1787, p. 27.

La Vallière (le chevalier de), buste : 1704, p. 10, 11.

Laveau : 1793, p. 26.

Lavoisier (M.), de l'Académie des sciences : 1773, p. 29; -95, p. 83.

Layé (M.), président au parlement de Dijon : 1759, p. 17.

Le *** (Mme) tenant une brochure : 1743, p. 20.

Le *** (Mlle), en Erigone : 1742, p. 26.

Léaulté, doyen de la Faculté de médecine, jeton : 1746, p. 30.

Lebarbier (Jean-Jacques-François), peintre : 1800, p. 19.

Lebas (Jacques-Philippe), graveur : 1755, p. 30; -83, p. 56 (médaillon).

Le Bloy (l'abbé) : 1777, p. 52.

Lebreton, chef des bureaux des musées : 1795, p. 35.

Le Breton des Chapelles (M.), trésorier de France : 1755, p. 26.

Lebrun (Charles), peintre : 1799, p. 86.

Le Brun (Ecouchard), poète : 1795, p. 26.

Lebrun (la famille de Jacques), peintre : 1799, p. 43.

Lebrun (Jean-Baptiste-Pierre), peintre, par lui-même : 1795, p. 41.

Lebrun (Mme *Vigée*), peintre, par elle-même : 1783, p. 34, 45 (buste); -85, p. 44 (buste), 52; -87, p. 26 (tenant sa fille dans ses bras), 55.

— (Mlle) : 1783, p. 34; -87, p. 26 (tenant un miroir), 56; -98, p. 41.

Lebrun (Mme Rosalie), peintre, par elle-même : 1799, p. 43 (miniature).

Le Camus : 1673, p. 32.

Le Clerc (Sébastien), peintre : 1741, p. 25.

Leclerc (M.) en habit gris : 1742, p. 19.

Leclerc, professeur de perspective : 1789, p. 60.

Leclerc, élève de l'école d'architecture : 1799, p. 54.

Leclerc, peintre, par lui-même : 1800, p. 46.

Le Cointe (le Père), de l'Oratoire, buste : 1759, p. 28; -61, p. 29.

Le Comte (Mme) : 1753, p. 22 (tenant un papier de musique); -59, p. 21 (au pastel); -65, p. 42; -81, p. 42 (buste).

Lecouteulx de Canteleu, membre du Conseil des Anciens, buste : 1798, p. 75.

— (M. et Mme) : 1798, p. 44.

Ledoux : 1799, p. 44.

Lee (le chevalier ou colonel) : 1704, p. 22, 37.

Lefebvre, peintre, par lui-même : 1793, p. 56.

Lefèvre (Robert), peintre, par lui-même : 1798, p. 43.

Lefèvre : 1800, p. 48.

Le Fort (M. et Mᵐᵉ) : 1704, p. 36.

Lefranc, chef d'escadron : 1799, p. 21.

Legendre, député : 1795, p. 38.

Le Gendre (Mᵐᵉ) : 1699, p. 21.

Le Grand, architecte, buste : 1787, p. 53.

Le Gros (M.), de l'Opéra, directeur du concert spirituel : 1785, p. 53.

Le Juge (M.), fermier général : 1704, p. 18.

Lekain, dans le rôle d'Orosmane : 1789, p. 56 ; -95, p. 43.

Le Lorrain (Robert), sculpteur : 1741, p. 25 ; -50, p. 29.

Lemercier (Pierre-Augustin), imprimeur : 1743, p. 32.

Lemoine (Jacques-Antoine-Marie), peintre, par lui-même : 1796, p. 47 ; 1800, p. 48.

Lemoine, architecte : 1793, p. 106.

Le Monnier (l'abbé) : 1775, p. 21.

Lemoyne (Jean-Baptiste), sculpteur, buste : 1789, p. 42.

— (Mᵐᵉ) : 1745, p. 32 ; -53, p. 28.

— (le fils de M.), âgé de cinq ans : 1747, p. 33.

Lemoyne (Jean-Louis), sculpteur : 1737, p. 29 ; -43, p. 21.

Lenglet du Fresnoy (l'abbé) : 1747, p. 26.

Lenoir (Alexandre) : 1796, p. 21 ; -99, p. 24.

— (Mᵐᵉ) : 1796, p. 21.

Le Noir (M.), lieutenant de police, médaillon : 1783, p. 54.

Lenoir (Mᵐᵉ) : 1769, p. 32.

Lenoir (M.), bibliothécaire du Roi, buste : 1785, p. 48.

Le Noir (le fils de M.) faisant un château de cartes : 1741, p. 21.

Lenormand de Tournehem (M.) : 1755, p. 27.

Le Normand du Coudray (M.), au pastel : 1769, p. 17.

Lentes (M. des) : 1704, p. 31.

Léonard (M.), libraire : 1704, p. 41.

Le Paute (M.), horloger du Roi : 1761, p. 24.

L'Épée (l'abbé de), buste : 1793, p. 63.

Le Pelletier de Morfontaine, prévôt des marchands, buste : 1785, p. 48.

Lepeletier Saint-Fargeau, député : 1793, p. 33, 63 (buste), 67 (buste), 69 (buste).

Lépicié (Bernard), peintre : 1751, p. 21.

— (Mᵐᵉ) en Muse : 1741, p. 25.

L'Épine (M. de), doyen de la faculté de médecine, jeton : 1746, p. 30.

Le Prince (Mˡˡᵉ) : 1785, p. 55.

Lerambert (Louis), sculpteur : 1777, p. 49.

Le Ras-de-Michel (M.) : 1769, p. 32.

Le Riche (M.), contrôleur général des monnaies : 1742, p. 12.

Le Roi, architecte, buste : 1789, p. 50.

Le Roux (Mˡˡᵉ) : 1765, p. 30.

Le Roy (M.) : 1740, p. 29.

Le Roy (M. Julien), horloger : 1753, p. 28.

Le Roy (Mᵐᵉ) à son chevalet : 1796, p. 48.

Lesueur (Eustache), peintre : 1796, p. 86.

Lesueur (Pierre), peintre, par lui-même : 1741, p. 30.

Le Thieullier, doyen de la faculté de médecine, jeton : 1771, p. 49.

Le Tourneur, membre du Directoire : 1798, p. 25.

Le Vacher, doyen de la faculté de médecine, jeton : 1781, p. 52.

Levaillant : 1795, p. 13.

Le Verrier (M.) : 1699, p. 19.

Levesque (M.) : 1783, p. 57.

Le Vigneur (M.) : 1704, p. 36.

Levret (M.) de l'Académie de chirurgie : 1746, p. 20.

Lezurier : 1798, p. 44.

L'Hôpital (le chancelier de), statue : 1777, p. 42, 43.

Lhôpital (le marquis de), lieutenant général des armées du Roi : 1771, p. 36.

Liancourt (le marquis de) : 1699, p. 16.

Lieutenant criminel (le) : 1704, p. 34.

Lieutenant particulier (le) : 1673, p. 34.

Lillebonne (la comtesse de), avec Mlle de Harcourt sa fille : 1763, p. 29.

Linguet (M.) : 1783, p. 58.

Linières (le R. P.) : 1746, p. 21 ; -50, p. 21 (devant un prie-Dieu).

Linné : 1779, p. 22.

Lionne (l'abbé de) : 1699, p. 17.

Liot (M.) : 1765, p. 30.

Liotaud (M. de) : 1704, p. 40.

Lisoret (Mlle de) : 1704, p. 30, 31.

Live de Jully (M. de la), en chasseur : 1751, p. 24 ; -65, p. 25 (pastel).

Livry : 1799, p. 68.

Livry (M. de) le père : 1745, p. 24 ; -50, p. 21 (en buste).

— (Mme de) en mantelet bleu : 1750, p. 21.

Llano (M.), secrétaire d'ambassade d'Espagne : 1755, p. 25.

Locke : 1775, p. 42.

Logerot (M.) : 1746, p. 20 (pastel).

Loison (les demoiselles), sœurs : 1699, p. 19.

— (Mlle de) : 1704, p. 31.

Lonsing, peintre de Bruxelles, par lui-même : 1798, p. 47.

Loos de Coos Warem (la duchesse de). — Voy. Laval Montmorency.

Loriot (M.), ingénieur-mécanicien : 1763, p. 23.

Lorraine (la princesse Charlotte de). — Voy. Charlotte.

Lorraine (Mlle de). — Voy. Elbeuf (prince d').

Louis (M.), professeur de chirurgie : 1757, p. 16 (médaillon) ; -83, p. 51 (buste) ; -89, p. 55.

— (Mme), faisant de la musique : 1777, p. 33.

Louis XIV : 1673, p. 30 ; -99, p. 12, 14 (statue équestre) ; 1704, p. 10, 11 (statue équestre), 12 (statue équestre).

Louis XV : 1737, p. 31 (médaille) ; -39, p. 25 (médaille) ; -40, p. 27 (médaille) ; -41, p. 15 (buste) ; -42, p. 17 (médaillon) ; -45, p. 20 (buste, en Apollon), 21 (buste), 36 ; -46, p. 27, 28, 29 (médaille), 30 (médaille) ; -47, p. 34 (pierre gravée); -48, p. 24 ; -50, p. 26 (médaille), 32 (statue équestre) ; -51, p. 13 (en pied), 23 (buste) ; -53, p. 27 (médaillon) ; -55, p. 37 (sardoine onix gravée) ; -57, p. 28 (buste) ; -59, p. 32 (agathe onix gravée), 33 (statue équestre) ; -61, p. 11, 29 (médaillon) ; -63, p. 33 (buste), 39 ; -65, p. 23 (médaillon imitant le bas-relief), 42 (médaille), 43 (médaille) ; -69, p. 31 (émail), 39 (médaille), 41 (médaille), 42 (tapisserie) ; -71, p. 28 (miniature) ; -73, p. 23, 43 (statue pédestre) ; -75, p. 39 (buste), 43 (jeton) ; -81, p. 52.

Louis XVI : 1775, p. 35 (buste), 43 (médaille) ; -77, p. 25 (en

pied), 41 (buste), 46 (buste);
-79, p. 42 (buste), 43 (médaille);
-81, p. 26 (émail); -85, p. 48
(buste), 52 (portrait et médaille);
-87, p. 51 (buste); -89, p. 19,
32 (miniature); -91, p. 34 (gravure), 44 (buste). — Voy. Dauphin (Louis-Auguste).

Louis XVI et la reine, médaille :
1777, p. 50.

Louise (Mme), tenant des fleurs :
1748, p. 20.

Louise-Marie (la princesse), sœur
de Jacques III : 1704, p. 22, 37.

Louvois, buste : 1699, p. 13.

Lowendal (le maréchal de) : 1748,
p. 24, 26; -50, p. 19 (buste),
21 (jusqu'aux genoux); -91,
p. 35 (buste).

Lowendal (l'abbé de) : 1748, p. 21.

Loys (Mlle), en laitière : 1747,
p. 15.

— (Mme) : 1738, p. 27.

Lubomisky (le prince Henri), en
Amour : 1789, p. 21.

Luc (le comte du), en buste et
cuirasse : 1753, p. 22.

Lucrèce, buste : 1799, p. 73.

Lude (le comte du), grand maître
de l'artillerie : 1673, p. 32.

Lulli : 1765, p. 36 (buste); -71,
p. 40 (buste); -99, p. 86.

Lullin (M.), ministre de Genève :
1759, p. 33.

Lupé (le comte de) : 1763, p. 28.

Luxembourg (le maréchal de),
statue : 1773, p. 38; -87, p. 49;
-91, p. 54.

Luxembourg (le prince de) :
1781, p. 30 (émail).

Luynes (le cardinal de) : 1757,
p. 34; -87, p. 49 (buste); -89,
p. 44 (buste).

Luzerne (la marquise de la) et
son fils : 1747, p. 26.

Luzy (Mlle), actrice, buste : 1781,
p. 43.

Lyen (Jean-François *de*), peintre,
par lui-même : 1737, p. 23;
-45, p. 28.

M

M*** assis près de son bureau
donnant la main à son épouse
et montrant sa sœur qui s'occupe de son enfant, tableau de
famille : 1787, p. 32.

M*** (M.), en pied : 1787, p. 46.

M*** (le comte de) : 1777, p. 28.

M***, général : 1799, p. 41.

M*** (Mme), en pied : 1787, p. 46;
-99, p. 13, 25.

M*** (Mlle) se livrant à l'étude des
sciences : 1767, p. 24.

M*** (Mlle), du Théâtre-Français :
1800, p. 12.

Madame de France, fille de
Louis XV : 1741, p. 32.

Madame, fille de M. le Dauphin,
âgée d'un an, jouant avec un
chien : 1753, p. 20.

Madame : 1777, p. 44 (buste);
-83, p. 33. — Voy. Artois
(comte d').

Mademoiselle : 1773, p. 15.

Magnac (le comte de), tenant le
portrait de son père : 1739,
p. 20, 21.

Mahomet Dervisch Kam, ambassadeur : 1789, p. 22.

Mahomet Usman-Kam, ambassadeur : 1789, p. 22.

Mahon (une fille de M.), avec sa
poupée : 1738, p. 29.

Maignière (le président de). —
Voy. Meynières.

Maillard (Mlle), actrice, buste :
1800, p. 70.

Maillebois (le maréchal de) en
cuirasse : 1745, p. 24.

Mailly (Mme de), buste : 1771, p. 45.

Maine (le duc du) : 1704, p. 24, 25.

— (la duchesse du), sous la figure de Vénus : 1704, p. 31.

Maison-Rouge (Mme de), sous la figure de Vénus attelant ses pigeons à son char : 1757, p. 15.

Majault, docteur en médecine : 1763, p. 34 (buste); -69, p. 31.

Malarmé, député : 1793, p. 33.

Malbeste, artiste : 1799, p. 34.

Malebranche (le R. P.) : 1704, p. 20, 22.

Malezieu (M. de) : 1704, p. 25.

Malkeneck (le F. François-Joseph de), Récollet : 1750, p. 22.

Mandini, acteur : 1793, p. 11.

Manelli (M.), chanteur : 1753, p. 24.

Mansard (Jules Hardouin), surintendant des bâtiments du roi : 1699, p. 25; 1704, p. 44 (buste).

— (Mme) : 1704, p. 29.

Mansard : 1796, p. 86.

Mantoue (le duc de) : 1704, p. 24.

Marais (M.), ordinaire de la musique du roi : 1704, p. 30, 31.

Marais (Mme la comtesse des) : 1704, p. 27.

Marat : 1793, p. 60, 61 (bustes), 109.

Marbot, général : 1800, p. 80.

Marceau : 1798, p. 85; 1800, p. 70.

Marchainville (la comtesse de) : 1737, p. 25.

Marduel, curé de Saint-Roch, buste : 1787, p. 53.

Maréchal (M.) : 1704, p. 20.

Marc-Richard (M. de la), par lui-même : 1699, p. 21.

Marguerye (la comtesse de) : 1787, p. 46.

Marie-Adélaïde de France, en Diane : 1745, p. 26.

Marie-Antoinette : 1777, p. 50 (médaille); -79, p. 51 (médaille); -81, p. 46 (buste), 51 (médaille); -83, p. 33 (buste); -85, p. 33 (se promenant avec le Dauphin et Madame dans le jardin anglais du petit Trianon); -87, p. 25 (avec ses trois enfants).

Marie-Charlotte de Saxe-Meiningen, buste : 1773, p. 42.

Marie-Christine (l'archiduchesse), duchesse de Saxe-Teschen : 1779, p. 22.

Marie Leczinska, reine de France : 1747, p. 20; -48, p. 20, 24; -55, p. 37; -69, p. 23 (buste), 42 (tapisserie).

Marie-Thérèse, reine de France : 1673, p. 30; -99, p. 12.

Mariette (les enfants de), dessins : 1737, p. 32.

Marigny (le marquis de) : 1755, p. 17, 28; -61, p. 22, 33; -69, p. 12 (avec sa femme).

Marivaux : 1753, p. 16; -89, p. 43 (buste).

Marmont, général : 1798, p. 35.

Marot (Clément), buste : 1799, p. 69.

Marquise de... (la) en déshabillé du matin : 1767, p. 18.

Marquise de... (la), buste : 1771, p. 39.

Mars (Mlle), du théâtre de la République : 1800, p. 20.

Marsan (le prince de) : 1779, p. 31.

Marsolier (Mme) à sa toilette, avec sa fille : 1750, p. 20.

Martangis (M. de) : 1704, p. 44.

Martin (M.) en habit polonais : 1741, p. 19.

— (Mme) : 1741, p. 19.

Martin (M.), officier de santé : 1799, p. 28.

— (Mme) : 1799, p. 28.

Martineng, doyen de la faculté

de médecine, médaille : 1750, p. 27.

Martini, graveur : 1785, p. 55; -98, p. 25.

Masers (Jean-Henri). — Voy. Latude.

Massé (M.), joaillier : 1739, p. 20.

Massé (Jean-Baptiste), peintre : 1737, p. 21.

Massieu, professeur des sourds-muets, buste : 1800, p. 69.

Massillon (le R. P.) de l'Oratoire : 1704, p. 30, 31.

Masson : 1793, p. 104.

Masson (Mlle) : 1699, p. 21.

Mathurins (le Général des) : 1673, p. 33; -99, p. 24.

Maubert (le R. P.), Théatin : 1753, p. 22.

Maubert (M.), marchand de vin, en robe, ayant des bourses sur son bureau : 1745, p. 25.

Maujé (M.) : 1765, p. 19.

Maupeou (le chancelier) : 1748, p. 20 (pastel); -69, p. 33 (buste).

Maupertuis (Pierre-Louis Moreau de) : 1741, p. 13 (en habit de Lapon); -43, p. 32.

Maupin (Mlle), actrice : 1704, p. 32.

Maure, député : 1793, p. 32.

Maury (l'abbé) : 1787, p. 52 (buste); -91, p. 15.

Mayer (M.) : 1796, p. 51 (miniature); -98, p. 49.

Mayer (Mlle Constance), peintre, par elle-même : 1796, p. 51.

Mayère (M.) : 1704, p. 36.

Mazade, administrateur du théâtre des Arts : 1796, p. 21.

Mazé (Mlle) : 1704, p. 42.

Mazières (M. de) écrivant dans son cabinet : 1740, p. 30.

— (Mme de) sur un canapé : 1740, p. 31.

Meaux (l'évêque de). — Voy. La Roche de Fontenille.

Mecklembourg - Schwérin (le prince et la princesse de), bustes : 1783, p. 52.

Médaillons : 1759, p. 28 (de jeune fille, en marbre); -77, p. 46; -93, p. 58; -96, p. 75, 76; -99, p. 72.

Médecin (un) : 1791, p. 52.

Médecin de la faculté de Paris, buste : 1789, p. 45.

Méhul, musicien : 1795, p. 26.

Méjan (Étienne) : 1796, p. 30.

Meliand (M.), conseiller au Parlement de Paris : 1740, p. 21.

Ménageot (François-Guillaume), peintre, buste : 1789, p. 53.

Menil Simon (Mme) : 1793, p. 30.

Mentelle (M.) : 1791, p. 17; -95, p. 70 (buste).

Mercier (M.), maître écrivain : 1737, p. 30.

Mercier (M.), coiffé d'un bonnet : 1738, p. 25.

Mercier, premier échevin, médaillon : 1763, p. 36.

Meritte (Mme) : 1704, p. 42.

Mesmer, buste : 1781, p. 43.

Messieurs de la ville : 1699, p. 16.

Metz (évêque de). — Voy. Saint-Simon.

Metz (le président du) : 1704, p. 39.

— (Mme du) en buste : 1743, p. 12.

Meunier, musicien : 1798, p. 65.

Meynier (Charles), peintre : 1799, p. 88.

Meynières (M. le président de) : 1742, p. 24.

— (Mme la présidente de) tenant un petit chien : 1740, p. 24.

Mezzetin : 1699, p. 21.

Michaut[1] : 1793, p. 102.

Michel (Mme) jouant de la guitare : 1755, p. 12.

— (les deux enfants de M.) : 1755, p. 12.

Mignard (Pierre), peintre : 1704, p. 40 ; -57, p. 29 (buste).

Mignard (Catherine), comtesse de Feuquières, tenant le portrait de son père : 1742, p. 3o.

Mignot (Pierre-Philippe), sculpteur : 1759, p. 16.

Militaire (un) : 1793, p. 12 (en pied) ; -95, p. 38 ; -96, p. 15.

Mimy (Mlle) en Naïade : 1743, p. 37.

Ministre de la marine (le) : 1800, p. 48.

Mirabeau (le marquis de) : 1743, p. 24 (appuyé sur un Polybe) ; -57, p. 16 (en cuirasse) ; -59, p. 33 ; -65, p. 35 (buste).

— (le comte de) : 1791, p. 35 (buste), 37 (buste), 43 (buste), 45.

Mirepoix (Mme de), pierre gravée : 1747, p. 34.

Mirey (M.) en chasseur : 1743, p. 21.

Miron (Mme) : 1765, p. 19.

Mirosménil (le marquis de), garde des sceaux, buste : 1775, p. 38.

Mitantier (M.), ancien greffier en chef de l'Hôtel de ville : 1704, p. 34.

Mitoire (Mme) et ses enfants, donnant à téter à l'un d'eux : 1783, p. 35.

Modèles de médailles en cire : 1737, p. 3o, 31.

Moetlien (M. de), en officier : 1746, p. 21.

Moine, buste : 1791, p. 41.

Moitte (Mme), buste : 1789, p. 5o.

Molé (Mathieu), statue : 1785, p. 45 ; -89, p. 44.

Molé, comédien : 1798, p. 60.

Molière (J.-B. Poquelin de) : 1773, p. 48 ; -75, p. 44 ; -79, p. 44 (buste) ; -81, p. 43 (buste) ; -83, p. 46 (statue) ; -87, p. 47 (statue).

Monaco (Mme de) : 1704, p. 29.

— (la princesse de), buste : 1785, p. 49.

Monbron (M. de), gouverneur de Cambrai : 1699, p. 23.

Moncrif (M. de) : 1748, p. 24.

Mondon (M.), ciseleur : 1745, p. 3o.

Mondonville (Mme de) appuyée sur un clavecin : 1753, p. 23.

Monet, ex-directeur de l'Opéra : 1793, p. 104.

Montlorand (feu M. de) : 1704, p. 25.

Monlord (l'abbé de) : 1704, p. 25.

Monmege (le marquis de) : 1704, p. 33.

Monnier, général : 1800, p. 80.

Monsieur, frère de Louis XIV, buste, 1704, p. 12.

Monsieur, frère de Louis XVI : 1775, p. 15 (en pied, en grand habit de l'ordre du Saint-Esprit) ; -77, p. 44 (buste) ; -79, p. 31 ; -83, p. 33 ; -89, p. 19.

Montaigne : 1798, p. 73 (buste) ; 1800, p. 74 (statue).

Montalembert (le marquis de), mestre de camp de cavalerie : 1753, p. 23.

Montalembert (Mme de), posant des vers au buste de son mari : 1800, p. 29.

Montamy (M. de), maître d'hôtel du duc d'Orléans : 1757, p. 21.

---

1. Sans doute l'acteur Michot.

Montausier (le duc de), statue :
1781, p. 43; -89, p. 45.

Montbazon (la princesse de) :
1704, p. 35.

Montboissier (la vicomtesse de) :
1759, p. 21 (pastel).

Montesquieu : 1767, p. 34 (buste);
-79, p. 47 (statue); -83, p. 53
(statue); -95, p. 83 ; -96, p. 87.

Montfaucon (Dom Bernard de),
Bénédictin : 1741, p. 21.

Montgolfier (François), buste :
1800, p. 68.

Montluçon (M. de), fermier général : 1742, p. 13; -43, p. 13
(en habit de Capitoul).

Montmartel (Mme de) en Vestale :
1737, p. 13, 33.

— (M. de) fils : 1757, p. 12.

Montmorency (le comte de) :
1757, p. 15.

— (le prince de), buste : 1771,
p. 42.

Montmorin (le comte de) : 1789,
p. 32.

Morand (M.), de l'Académie des
sciences : 1753, p. 22; -79,
p. 40.

Moreau (M.) avec un portefeuille :
1737, p. 28.

Moreau (M.), premier chirurgien

de l'Hôtel-Dieu : 1763, p. 38.

Moreau (Mlle) et son frère : 1699,
p. 19.

Moreau de Maupertuis. — Voy.
Maupertuis.

Morel (M.), de la musique du Roy :
1699, p. 24.

Morichelly (Anne), chanteuse :
1793, p. 11.

Morlay (M. et Mme) : 1704, p. 42.

Mornand (M.) l'aîné : 1704, p. 36.

Moscovie (l'ambassadeur de) :
1699, p. 13.

— (le chancelier de) et son fils :
1699, p. 13.

Mouchi (M.) : 1673, p. 31.

Mouchy (les enfants du maréchal
de) jouant avec des raisins :
1775, p. 29.

— (Mme de) : 1746, p. 25.

Moule (Mlle) : 1704, p. 17.

Moussy (M. l'abbé de) : 1704,
p. 24.

Mouton (M.) : 1704, p. 24.

Moyreau (Jean), graveur : 1743,
p. 27.

Muller (Léonard), général com-
mandant de l'armée du Rhin,
buste : 1799, p. 70.

Muy (le maréchal du), buste :
1777, p. 41.

N

N*** (M.) : 1800, p. 29.

N*** (la comtesse de) : 1781, p. 33.

Narbonne (l'archevêque de). —
Voy. Dillon.

Narbonne (la duchesse de) : 1787,
p. 27.

Nattier (Jean-Marc), peintre, par
lui-même : 1738, p. 28; -63,
p. 14 (avec sa famille).

— (Mme) sous les attributs de la
Musique : 1738, p. 28.

Nattier (M. et Mme) : 1704, p. 17.

Nau-Deville (M.) en garde national : 1791, p. 20.

Naudin (M.), ingénieur géographe : 1741, p. 22.

Naux (Mme) : 1737, p. 26.

Navarre (le grand maître de). —
Voy. Grand maître.

Necker (M.) : 1783, p. 23; -85,
p. 54; -89, p. 54 (buste et médaille), 56; -91, p. 17 (émail),
37 (buste).

— (Mme) : 1783, p. 23.

Néelle (le marquis de), écuyer de Madame, buste : 1785, p. 51.

— (Mlle de) : 1785, p. 51.

Négociant : 1796, p. 45.

Négresse : 1800, p. 45.

Nérault (M.), garde-meubles du roi : 1737, p. 22.

Nervo (Mme), de Lyon : 1771, p. 28.

Nestier (M. de) à cheval : 1753, p. 30.

Netscher (Gaspard), peintre : 1787, p. 56.

Newton : 1775, p. 42.

Nicolaï (le maréchal de) : 1787, p. 19.

Nicolaï (M. de), premier président de la Chambre des Comptes : 1779, p. 44; -85, p. 20 (buste).

Nicolaï (M. de), premier président du Grand Conseil : 1787, p. 20.

Nicolaï (M. de), évêque de Verdun : 1787, p. 20.

Nivernois (le duc de) : 1757, p. 21.

Noailles (l'abbé de) : 1673, p. 34.

Noailles (le duc de) : 1769, p. 18 (pastel).

— (le comte de) : 1773, p. 35.

Noel, buste : 1798, p. 73.

Nollet (l'abbé), chimiste : 1753, p. 23.

Nonce extraordinaire du pape (le) : 1704, p. 30, 31.

Nonnotte (le frère de M.), Religieux : 1748, p. 23.

Nord (le comte et la comtesse du) : 1783, p. 27.

Noudet, peintre : 1798, p. 65.

O

Odeoud (Mlle), buste : 1781, p. 46.

Officier général : 1791, p. 28.

Officier tirant son sabre : 1796, p. 70.

Olivier (M.) en habit de velours : 1748, p. 28.

— (Mme) en robe de Pékin : 1748, p. 28.

Olivier (Mlle), actrice, buste : 1789, p. 47.

Orléans (la duchesse d') : 1704, p. 30, 33 (en habit de masque).

Orléans (le chevalier d'), grand prieur de France : 1738, p. 19.

Orléans (Louis-Philippe, duc d') : 1746, p. 18 (à cheval); -57, p. 21 (à cheval, saluant de son chapeau ; au pastel).

Orléans (la duchesse d') : 1789, p. 21.

Orléans (Mlle Adelaïde d') prenant une leçon de harpe : 1791, p. 11.

Orléans (M. d') : 1791, p. 51.

Orloff (le prince et la princesse) : 1779, p. 22.

Ormesson (le président d') : 1777, p. 26.

Orry (M.), contrôleur général des finances : 1738, p. 28; -43, p. 22 à 24 (composition allégorique sur le portrait de M.); -45, p. 36.

Osmont (le marquis d') : 1704, p. 36.

— (Mme d') : 1704, p. 36.

Ostrogothie (le duc d') : 1773, p. 19.

Oudry (Jean-Baptiste), peintre : 1753, p. 28.

P

P*** (M.) : 1785, p. 30; -96, p. 54;
-98, p. 19 (miniature), 31; 1800,
p. 53.

P*** (M. de) en pied : 1787, p. 16.

P***, membre du Conseil des
Cinq-Cents : 1796, p. 12.

P*** (Mme) en Hébé : 1796, p. 47;
-99, p. 52 (tenant son porte-
crayon et le portrait de son
mari, ayant ses enfants auprès
d'elle).

Paesiello : 1791, p. 53.

Pajou (M.), sculpteur : 1783,
p. 35 (modelant le portrait de
M. Lemoine); -85, p. 51 (buste);
-99, p. 70 (buste); 1800, p. 74,
89 (bustes).

Palissot, buste : 1781, p. 46.

Pange (Mlle de) : 1763, p. 28.

Panin (le comte de) : 1779, p. 22.

Pape (le) régnant, buste : 1738,
p. 26.

Parcieux (M. de), dessin : 1769,
p. 38.

Paré, ex-ministre : 1795, p. 38.

Paris (un abbé régulier de) : 1748,
p. 27.

Pâris de Montmartel : 1765, p. 43;
-75, p. 44.

Pâris - Duvernay, buste : 1787,
p. 51.

Parme (Madame, duchesse de) :
1751, p. 23.

Parme (Mme Louise-Élisabeth de
France, infante d'Espagne, duchesse de) : 1789, p. 23.

Parmentier, buste : 1799, p. 69.

Parral (la vicomtesse de) : 1781,
p. 30 (émail).

Pascal (Blaise), statue : 1781, p. 42;
-85, p. 44.

Pascaly : 1796, p. 47.

Passerat, buste : 1763, p. 34;
-65, p. 34.

Pastoret, buste : 1796, p. 74.

Patoulet (Mlle) : 1699, p. 20.

Pécourt (M.) l'aîné : 1704, p. 43.

Peintre (un) : 1791, p. 27 (corri-
geant une miniature), 28.

Peiresc, buste : 1789, p. 43.

Pélerin (M.) : 1783, p. 58.

Pelet (de la Lozère) député : 1795,
p. 38.

Pellet (M.) en échevin : 1738,
p. 19.

Penel (M.) : 1704, p. 24.

Penon (Mme) et sa fille : 1699,
p. 24.

Perier : 1673, p. 32.

Perignon (M.), de l'Académie de
musique : 1785, p. 53.

Perigny (le citoyen) : 1793, p. 22.

Peronneau, frère du peintre, tenant un livre : 1746, p. 31.

— (Mme) faisant des nœuds : 1763,
p. 21.

— (Mlle) : 1765, p. 19.

Perrault : 1799, p. 86.

Perregaux (le citoyen) : 1798,
p. 17.

Perrin (Mme) : 1791, p. 21.

Perronnet (M.), ingénieur : 1783,
p. 57.

Perseval (M. et Mme) et leur fils :
1673, p. 30.

Petit (Antoine), régent de la faculté de médecine, buste :
1795, p. 69.

— (M.) père : 1791, p. 14.

— (Mme) faisant des nœuds : 1755,
p. 12.

Petit Radel, architecte : 1800,
p. 79.

Pezay (la marquise de), et la marquise de Rougé, avec ses deux
enfants : 1787, p. 26.

Pèze (le citoyen) : 1793, p. 26.

Pfab (Jean-Pierre), peintre, par lui-même : 1798, p. 56.

— (le jeune) avec sa nourrice : 1799, p. 54.

Phelypeaux (M. de) : 1704, p. 39.

Philidor (M.) : 1773, p. 49.

Philippe (M.) assis et appuyé sur un livre : 1741, p. 24.

Philippe (M.), doyen de la faculté de médecine, jeton : 1781, p. 52.

Philippe V, roi d'Espagne : 1704, p. 14.

Pichaud du Pavillon (M.) : 1755, p. 26.

Pichegru (le général) : 1795, p. 41.

Piémont (Mme Clotilde, princesse de). — Voy. Clotilde.

Pierre le Grand, empereur de Russie : 1738, p. 26 (buste); -87, p. 23.

Pierre (J.-B.-Marie), peintre : 1775, p. 43 (médaillon); -89, p. 32.

Piersse (Mme) : 1799, p. 31.

Pieyre, de l'Institut : 1799, p. 27.

Pigalle (Jean-Baptiste), sculpteur : 1757, p. 27; -71, p. 30; -83, p. 57.

Pilastre de Rosier, buste : 1789, p. 47.

Pinchinat (Mlle) en Diane : 1765, p. 19.

Pinçon (M.) : 1755, p. 26.

Pingré (le chanoine), buste : 1789, p. 43.

Pinon (le chevalier), capitaine : 1751, p. 29.

Piou (Mlle) : 1745, p. 24.

Pipelet (Mme) : 1795, p. 70 (buste); -98, p. 25.

Piron : 1763, p. 35 (buste); -73, p. 49; -75, p. 34; -77, p. 52.

Pithou (Pierre), buste : 1757, p. 29; -59, p. 28.

Pitre (M.), joaillier : 1738, p. 20.

Plaichard, législateur : 1795, p. 26.

Plâtrier, buste : 1747, p. 34.

Pleneuf (Mme Berthelot de) : 1704, p. 35.

Poerson (Charles), peintre: 1704, p. 33.

Poinsinet (Mme) tenant un livre de musique : 1738, p. 26.

Poisson, comédien, en habit de Crispin : 1673, p. 32; 1737, p. 38.

Poisson de la Chabeausière (M.), avocat : 1745, p. 24.

— (Mme) en habit de bal : 1746, p. 21.

Poissonnier, médecin : 1795, p. 56; -96, p. 65.

Poitevin (Mme) : 1765, p. 30.

Poitiers (l'évêque de). — Voy. Beaupoil de Sainte-Aulaire.

Poitreau de Marcy (M.) : 1746, p. 24.

Polignac (le cardinal de), buste : 1737, p. 31.

Polinchove (M. de), premier président, tenant les sceaux : 1741, p. 24; -65, p. 42.

Pollart (Le R. P.), de l'Oratoire : 1741, p. 26.

Pologne (le roi de) : 1704, p. 18.

Polonais (Patriote) : 1793, p. 38.

Pompadour (la marquise de) : 1755, p. 18 (pastel); -57, p. 13; 59, p. 12; -61, p. 27 (buste).

Pontigny (l'abbé de) : 1767, p. 20.

Porc (M. du), auditeur des comptes, et son épouse : 1704, p. 34.

Porchon (M. et Mme) : 1704, p. 36.

Portraits anonymes : 1699, p. 15, 19; 1704, p. 28, 38, 44; -41, p. 32; -45, p. 36; -46, p. 13, 22; -53, p. 36; -55, p. 20, 29, 35; -57, p. 21, 22; -59, p. 17, 20, 23; -61, p. 12, 24; -63,

p. 13, 23, 26; -65, p. 12, 18, 19, 21, 22, 23, 30; -67, p. 12, 18, 20, 28, 32, 34, 40; -69, p. 12, 16, 18, 28, 29; -71, p. 14, 15, 18, 30, 32, 34, 35, 36, 38, 51; -73, p. 19, 21, 23, 27, 33, 36, 46, 49; -75, p. 15, 19, 24, 25, 27, 28, 29, 43, 44; -77, p. 12, 15, 26, 30, 36; -79, p. 22, 27, 34, 38, 40; -81, p. 20, 23, 33, 34; -83, p. 22, 23, 34, 35, 37, 39, 57; -85, p. 20, 22, 29, 30, 33, 35, 38, 53, 54; -87, p. 16, 20, 23, 25, 26, 28, 30, 32, 46; -89, p. 13, 15, 27, 31, 32, 56, 57; -91, p. 13, 18, 20, 29, 37, 43, 44, 45, 47; -93, p. 11, 12, 15, 17, 19, 22, 26, 29, 31, 32, 33, 34, 35, 42, 43, 49, 50, 54, 55, 56, 92, 93, 98, 99, 101, 102, 103, 104, 106; -95, p. 13, 15, 19, 21, 30, 35, 37, 39, 49, 50, 54, 62, 86; -96, p. 25, 29, 31, 35, 37, 38, 40, 45, 46, 47, 51, 53, 55, 57, 58, 63, 64, 69, 71, 81, 85; -98, p. 13, 15, 17, 19, 20, 27, 28, 34, 35, 37, 49, 56, 60, 68, 87, 88; -99, p. 17, 18, 21, 26, 31, 35, 37, 38, 44, 55, 57, 58, 59, 66, 88, 89, 90, 91; 1800, p. 11, 15, 16, 18, 19, 20, 23, 27, 29, 31, 33, 36, 41, 46, 48, 49, 55, 58, 63, 64, 83.
Portraits d'hommes : 1673, p. 35; 1704, p. 36; -40, p. 30 (M. de T***); -43, p. 21, 35; -45, p. 24 (M. de *** dans son cabinet, en velours noir), 32 (M. de *** en robe rouge), 32 (M. de *** en cuirasse); -46, p. 14 (M. *** dans son cabinet), 20 (les mains dans un manchon), 22 (en robe), 24 (le père et le fils), 27 (M. *** en jardinier); -47, p. 23 (M. *** tenant l'Iliade d'Homère), 24 (M. ***, avocat),

28, 33 (M. *** en habit de bal); -48, p. 23 (M. *** en veste bleue; M. *** dans son cabinet), 28 (M. ***, de l'Académie de musique); -50, p. 25 (— tenant une tabatière), 31 (M. de *** en habit de velours noir; M. *** en robe de chambre); -51, p. 29, 31; -53, p. 25 (M. *** en robe de chambre de taffetas rayé), 26, 30; -55, p. 15, 18 (M. *** en petit déshabillé, ayant une brochure et une tabatière à la main), 18 (M. *** dans son cabinet, un papier à la main), 23; -57, p. 26 (le chevalier de ***, en buste), 27 (M. *** en ovale); -59, p. 18 (M. de *** tenant une brochure), 21 (M. de *** en pied), 22 (le comte de *** en pied; le comte de *** et le chevalier de *** en Savoyards; le comte de *** en hussard), 25 (M. de *** jouant de la harpe, M. ***, docteur en Sorbonne); -67, p. 18 (M. et Mᵐᵉ *** faisant de la musique), 22; -69, p. 28; -73, p. 21 (vieillard de quatre-vingt-trois ans); -77, p. 27, 37; -87, p. 23, 32 (M.***, vêtu de velours vert, dessinant; M. *** en habit de satin noir, tenant la carte de la Guadeloupe; M. ***, en habit noir de velours ciselé, appuyé sur son bureau); -91, p. 13, 17, 18, 20, 22, 23, 24, 25, 26, 27, 28, 29, 45, 50, 53; -93, p. 22 (tenant un livre), 28, 35, 102 (garde national), 106, 111; -95, p. 16, 21, 22, 24, 25, 30, 36, 39, 42 (avec son cheval), 49, 50, 51, 54, 58, 61, 62; -96, p. 17 (assis au bord d'un lac), 19, 25, 27, 36, 43, 45, 49, 53 (en jockey), 61, 68, 70 (ayant le cou

nu), 71, 88, 90; -98, p. 11, 20, 24 (patinant), 30, 35, 37, 39, 44, 45, 52, 58, 66, 87; -99, p. 13, 16, 31, 32, 38, 48, 52 (avec cette inscription : *A l'amitié, je dois mon bonheur*), 57, 58, 59, 60, 61, 62, 89; 1800, p. 14, 18 (dans son cabinet, tenant une lettre), 25, 28, 31, 36, 44, 45, 49 (à son bureau), 51, 54, 60, 65 (tenant le *Journal des Arts*).

Portraits de femmes : 1673, p. 31 (ovale), 35; -99, p. 24; 1737, p. 23; -38, p. 19, 27; -40, p. 18, 31; -43, p. 20 (tenant une guirlande de fleurs), 21, 28 (finissant sa toilette); -45, p. 15, 32 (tenant une brochure; jouant de la vielle); -46, p. 14, 19 (en marmotte), 20 (en Hébé et en Flore; tenant une boîte à mouches), 22 (en Hébé), 28; -48, p. 24 (appuyée sur un carreau), 25 (les mains dans son manchon); -50, p. 25 (en mantelet gris, tenant une brochure; tenant le portrait de son fils), 31 (avec un bouquet de giroflée; avec un bouquet de barbeau; en robe verte); -51, p. 29; -53, p. 16 (en robe de moire bleue); -53, p. 28, 35; -55, p. 15, 18 (en mantelet blanc, appuyée sur un oreiller), 23 (en chasseuse), 29; -57, p. 15, 26 (la marquise de ***); -59, p. 12 (habillée de blanc avec une pelisse sur l'épaule; autre, en robe de satin blanc, prenant du café; autre, en Pomone; autre, en Thalie), 19 (tenant un éventail), 21 (en Grecque; autre jouant de la guitare), 23, 25; -61, p. 23 (jouant de la harpe); -63, p. 13 (tenant un

pigeon); -67, p. 18, 22; -69, p. 16 (appuyée sur son clavecin, avec son mari et M. Gennings, son beau-frère); -77, p. 12, 22 (et sa fille), 37; -81, p. 22, 25 (et son fils), 26 (arrangeant des fleurs dans un vase), 34 (en pied); -83, p. 34; -85, p. 20 (en satin blanc, debout, achevant sa toilette), 22; -87, p. 28 (faisant de la musique); -89, p. 27; 91, p. 12, 15, 17, 19, 25, 26, 27, 28, 29, 46 (avec son enfant), 48, 49, 50, 52 (sur un sopha), 53; -93, p. 14 (tenant un bracelet), 16, 22, 23, 24 (femme artiste; une femme avec sa fille), 28 (appuyée sur son clavecin), 29, 35, 37, 49 (touchant du forte piano), 50 (tenant son enfant), 55 (ajustée à l'antique), 102, 105 (tenant son enfant), 107 (faisant de la musique), 110 (se reposant dans un paysage), 111 (tenant son enfant; lisant le journal, etc.); -95, p. 14, 16, 17, 21, 22 (avec son enfant), 22, 24, 25, 29, 30, 33, 36, 42 (avec son enfant; les bras croisés), 47, 51, 54, 58, 59, 61, 62; -96, p. 15, 17, 18, 20, 25, 29 (avec son enfant), 35, 71 (pinçant de la guitare), 42 (peint sur métal), 42, 43, 48, 56 (tenant une lyre), 61, 70 (assise, tenant un chien), 88; -98, p. 11, 12, 14 (avec son enfant), 16 (assise, touchant du glace-corde), 16 (assise, avec un livre, dans un paysage), 18, 20 (avec son enfant), 20 (peintre), 21 (à sa toilette), 24, 26, 33, 34, 40, 42, 43, 45, 47, 49, 52, 56, 58 (accordant une harpe); -99, p. 14, 15 (mère allaitant son enfant),

18 (tenant son enfant), 28 (entre ses trois filles, dont deux jumelles), 30, 32, 34 (tenant une lettre), 35 (assise, tenant une jeune fille sur ses genoux), 40 (appuyée sur une harpe), 41, 43 (occupée à écrire), 44, 48, 50, 54, 55, 61, 65, 89, 90; 1800, p. 12 (jouant du piano), 20 (âgée, tenant un livre), 26, 28 (faisant sécher des plantes), 35, 38, 44, 45 (portant son enfant), 46, 50 (assise sur un banc), 60, 62 (regardant à sa croisée), 86 (avec son enfant), 86, 87, 88.

Portraits de jeunes filles : 1741, p. 19; -43, p. 35, 39 (en mantelet de satin bleu); -45, p. 24 (tenant un mantelet); -50, p. 25 (en mantelet bleu, parements blancs), 31 (tenant un petit chat; en robe verte); -51, p. 24, 29; -53, p. 22 (en laitière) ; -55, p. 19, 20 (en Flore), 23, 25; -59, p. 22 (tenant des raisins), 25 (sentant une rose); -61, p. 23 (quittant sa toilette); -67, p. 24 (venant de recevoir une lettre et un bouquet); -71, p. 33 (en Dryade); -91, p. 14, 15, 17, 20, 45; -93, p. 10 (à son chevalet), 29; -95, p. 42 (se regardant dans un miroir); -96, p. 36, 45, 53; -98, p. 21 (dessinant), 27, 45 (touchant du piano), 65; -99, p. 44, 48, 57 (assise sur un tabouret); 1800, p. 23, 35 (à son piano), 36 (id.), 53, 57 (avec son frère).

Portraits d'enfants : 1673, p. 33; 1769, p. 18 (en Espagnol, pastel), 31 (endormi sous la garde d'un chien); -71, p. 22; -87, p. 30; -91, p. 10 (jouant avec des cartes), 26 (avec un tambour), 27 (id.), 46 (avec sa poupée), 49 (jouant avec un chien); -95, p. 42 (mort à six mois, sous forme d'un ange), 43, 51, 58, 61, 62; -98, p. 39, 49 (tenant un pigeon), 64 (jouant avec les restes de son déjeuner), 65, 86; -99, p. 31, 34 (tenant une corbeille de fleurs), 41, 49, 52, 54 (avec sa nourrice), 64 (faisant des bulles de savon), 90 (dans un jardin); 1800, p. 45 (en Amour), 54, 60 (jouant au cerf-volant).

Portraits de famille : 1798, p. 40, 49, 88 ; -99, p. 43; 1800, p. 26, 45, 58, 65, 87.

Portrait allégorique : 1795, p. 41.

Portrait en camée : 1799, p. 40.

Portrait en cheveux : 1796, p. 82.

Portrait en cire : 1777, p. 46.

Portraits en émail : 1755, p. 28; -57, p. 25; -69, p. 31; -71, p. 28; -73, p. 29, 33, 34; -75, p. 21, 28, 33 ; -77, p. 23, 30, 36; -79, p. 27, 34; -81, p. 26; -83, p. 27, 28; -87, p. 23 ; -89, p. 58; -91, p. 18; -93, p. 22; -98, p. 17; 1800, p. 60.

Portraits à la gouache : 1795, p. 48; 1800, p. 18.

Portrait sur ivoire : 1798, p. 43.

Portraits en médaillon : 1771, p. 51; -73, p. 50; -77, p. 52; -79, p. 52; -93, p. 40; -95, p. 39.

Portraits en miniature : 1737, p. 30; -38, p. 28; -39, p. 24; -40, p. 22; -45, p. 28; -46, p. 22; -53, p. 24, 26; -55, p. 18; -57, p. 18; -65, p. 23; -69, p. 31, 32; -71, p. 28, 36, 37; -73, p. 29; -75, p. 21, 28, 33; -77, p. 23, 30, 36; -79, p. 34; -81, p. 30; -83, p. 28; -87, p. 38; -89, p. 58; -93, p. 19, 24, 25,

36; -95, p. 13, 14, 25, 26, 39, 43, 51; -96, 16, 26, 30, 31, 40, 46, 51, 54, 64, 71; -98, p. 11, 14, 18, 19, 29, 30, 34, 37, 43, 80, 87; -99, p. 15, 20, 21, 23, 28, 30, 31, 38, 40, 41, 88; 1800, p. 11, 12, 17, 23, 28, 41, 45, 46, 55, 59, 66.

Portraits au pastel : 1747, p. 29; -48, p. 24; 51, p. 24; -57, p. 17, 19, 22; -59, p. 18; -63, p. 19; -67, p. 18; -75, p. 28, 33; -77, p. 30; -79, p. 24, 27, 34; -85, p. 30; -89, p. 32; -99, p. 61.

Portraits au physionotrace : 1798, p. 22; -99, p. 83.

Portraits sur porcelaine : 1799, p. 44, 90.

Potain (Mlle), buste : 1789, p. 49.

Potocki (le comte de) à cheval : 1781, p. 56.

Pouan (M.) appuyé sur le dos d'un fauteuil : 1743, p. 21.

Pourbalio [1] (le marquis de), ministre du roi de Portugal : 1773, p. 48.

Pourfour du Petit, doyen de la faculté de médecine, jeton : 1783, p. 56.

Pourroy (M. du) : 1699, p. 24.

Poussin (Nicolas), peintre : 1789, p. 45, 46 (statue); -96, p. 86; 1800, p. 80.

Praslin (le duc de), ministre des Affaires étrangères : 1763, p. 23; -81, p. 46 (buste).

Premier président (le) : 1673, p. 30.

Présye (Mme), femme de l'adjudant général : 1799, p. 66.

Préville, buste : 1795, p. 65.

Prévôt des marchands (le), médaillon : 1763, p. 36.

Prince de ***, chevalier de la Toison-d'Or : 1789, p. 23.

Procope (M.), cafetier : 1738, p. 18.

Provence (le comte de) : 1763, p. 16; -67, p. 36 (buste); -69, p. 32.

— (le comte et la comtesse de), médaille : 1773, p. 49.

— (la comtesse de) : 1771, p. 18; -73, p. 23. — Voy. Berry (duc de).

Provence (Mme de), jeton : 1771, p. 49.

Prunier (M.), prêtre, pastel : 1743, p. 22.

Prusse (le roi de) en pied : 1769, p. 14.

Puget (Pierre), statue : 1785, p. 50.

Puységur (le maréchal de) jusqu'aux genoux : 1745, p. 14.

Q

Quesnay, médecin du roi Louis XV, buste : 1771, p. 39; -81, p. 46.

Quinault, acteur : 1771, p. 40 (buste); -99, p. 86.

Quinette, député : 1793, p. 56.

R

R*** (M.) : 1796, p. 48.

R*** (Mme) dessinant dans un paysage : 1799, p. 57.

R*** (Mlle) : 1800, p. 57.

Rabon (Mlle) en habit de bal : 1742, p. 26.

---

1. Ce doit être le marquis de Pombal.

Racine (Jean) : 1779, p. 45 (buste) ; -83, p. 52 (buste) ; -85, p. 48 (statue) ; -87, p. 50 (statue) ; -99, p. 86.
— (Louis), appuyé sur un bureau : 1740, p. 24.
Raclot, buste : 1704, p. 33.
Rafeteau (Mᵐᵉ la marquise de) : 1704, p. 17.
Ragné (Mˡˡᵉ) : 1673, p. 35.
Ragot, horloger, buste : 1796, p. 75.
Raguenet (M.) : 1738, p. 21.
Raimond (Mˡˡᵉ de) : 1673, p. 32.
Raimond de Saint-Sauveur (M. et Mᵐᵉ) : 1765, p. 21.
Rameau, buste : 1761, p. 30 ; -65, p. 36 ; -71, p. 40.
Randonvillers (l'abbé de), buste : 1789, p. 46.
Raoul, membre du tribunal de cassation : 1799, p. 91.
Rasilly (le marquis de), capitaine des gardes-françaises : 1769, p. 31.
Raulin (M.), médecin du Roi : 1781, p. 23.
Ravanne (M. de), grand maître des eaux et forêts d'Orléans : 1767, p. 18.
Rayecka (Mˡˡᵉ), peintre du roi de Pologne, émail : 1783, p. 27.
Raymond (Mᵐᵉ), actrice : 1787, p. 26.
Raynal (M. l'abbé) : 1775, p. 43.
Raynal (G.-T.), buste : 1796, p. 74.
Récamier (Mᵐᵉ) : 1796, p. 30.
Recteur de l'Université (M. le) en habit de cérémonie : 1737, p. 14, 15.
Regnard, buste : 1779, p. 48.
Regnault : 1800, p. 12.
Reims (l'archevêque de). — Voy. Talleyrand-Périgord.
Reims (le recteur de l'université de) : 1750, p. 25.

Religieux Augustin : 1785, p. 42.
Remond (M.) : 1755, p. 26.
Remy : 1673, p. 35.
Renaud (Mˡˡᵉ) aînée, actrice : 1793, p. 44.
Renaud (Mᵐᵉ), buste : 1800, p. 73.
Renaudot, médecin : 1673, p. 30.
Reneaume, doyen de la faculté de médecine, jeton : 1739, p. 25.
Renou (M.) : 1785, p. 55.
Renouard (Mᵐᵉ) : 1704, p. 22, 37.
Représentant du peuple : 1795, p. 61 (en costume, tenant un mémoire roulé) ; -98, p. 86 (miniature).
Restout (Jean), peintre : 1738, p. 14 (dessinant) ; -61, p. 27 (buste) ; -71, p. 50.
— (Mᵐᵉ) : 1738, p. 5, 20.
Revel (le comte de) : 1704, p. 39.
Reversaux (M. l'abbé de) : 1704, p. 20, 22.
Rey, maître de musique de la chambre du Roi, buste : 1789, p. 44.
Richebourg (M. de) : 1704, p. 30.
Richelieu (le duc de), buste : 1704, p. 11.
Rieux (le président de), assis, en robe rouge : 1741, p. 30.
— (Mᵐᵉ de), en habit de bal : 1742, p. 31.
Rigaud (Hyacinthe), peintre : 1704, p. 39, 40 (par lui-même) ; -39, p. 24 (buste) ; -42, p. 30 (avec sa femme, par lui-même).
— (Mᵐᵉ) la mère, dans trois attitudes différentes : 1704, p. 41.
Rigoley de Juvigny (M.), avocat, appuyé sur les œuvres de Cicéron : 1747, p. 23.
Rindvel (M.) jouant de la viole : 1737, p. 21 ; -38, p. 20 (tenant un livre de musique).

Robbé (M.) : 1759, p. 20; -65, p. 33 (buste).

Robe (M.) : 1704, p. 43.

Robert (François) : 1793, p. 102.

Robert (Hubert), peintre : 1775, p. 28; -89, p. 22, 42 (buste); -99, p. 85.

— (Mlle), buste : 1783, p. 51.

Robertson, physicien : 1799, p. 64, 73 (buste).

Robespierre (Maximilien) : 1791, p. 12, 22; -93, p. 16.

Robierre : 1800, p. 87.

— (Mme) : 1800, p. 87.

Robin, chirurgien : 1793, p. 108.

Robin (Mme) : 1704, p. 25.

Rochat : 1800, p. 57.

Roche, marchand : 1798, p. 37.

Roettiers (Joseph), graveur général des monnaies de France, et sa femme : 1699, p. 18.

Roettiers (Joseph-Charles), graveur général des monnaies : 1773, p. 39 (buste); -75, p. 36 (buste); -77, p. 24.

Rohan (le prince Jules-Hercule de), médaille : 1781, p. 52.

Rohan (la princesse de) tenant un livre : 1741, p. 20.

Rohan (Mlle de), en Hébé : 1738, p. 20.

Roissy (M. de), appuyé sur une table, lisant de la musique : 1755, p. 17.

— (Mme de) : 1755, p. 15.

Roland (Jacques - François - Joseph), peintre, par lui-même : 1798, p. 58.

Roland (Philippe-Laurent), sculpteur : 1798, p. 69.

Rollin (Charles) : 1783, p. 56; -87, p. 50 (statue); -89, p. 46 (statue); -91, p. 53 (statue).

Romance (Mme), dite Romany, avec ses deux enfants, par elle-même : 1800, p. 57.

Rosalline (Mlle) : 1751, p. 29.

Rose (le président) : 1699, p. 19.

Roslin (Alexandre), peintre, par lui-même : 1755, p. 25; -83, p. 22; -91, p. 14.

Rosset (l'abbé de) : 1704, p. 42.

Rothelin (l'abbé de) : 1746, p. 27.

Rotrou (Jean de), buste : 1783, p. 46.

Roucher, poète : 1795, p. 44; 1800, p. 79.

Roüe (M. de la) : 1699, p. 23.

Rouen (l'archevêque de). — Voy. La Rochefoucauld.

Rougé (la marquise de). — Voy. Pezay (marquise de).

Rouget (l'abbé du) : 1738, p. 25.

Rouillé (Mme) lisant : 1787, p. 32.

Rousseau (Jean-Baptiste) : 1738, p. 31; -87, p. 48 (buste).

Rousseau (Jean-Jacques) : 1753, p. 24; -79, p. 45 (buste); -89, p. 47 (buste); -91, p. 33, 42 (statue), 44 (buste); -93, p. 63, 66 (bustes); -95, p. 64 (buste); -96, p. 88 (portrait à la plume); -99, p. 86.

Rousseau (M.), architecte : 1777, p. 37.

Rousseau (Mme) : 1783, p. 54 (buste); -89, p. 22.

Rousseau (les enfants de M.), bustes : 1789, p. 49.

Roussellet (M.), abbé de Sainte-Geneviève : 1785, p. 35.

Rouvroy (l'abbé de) : 1740, p. 18.

Roux (M.), correspondant de l'Académie d'architecture : 1773, p. 33.

Royer (M.) avec une tabatière : 1739, p. 19.

Ruelle (M.), échevin : 1751, p. 29.

— (Mme) : 1751, p. 29.

Ruisseau (Mme du) : 1751, p. 31.

Russie (l'ambassadeur de) : 1763, p. 23, 25.

— (l'impératrice de), buste : 1773, p. 42.

Ruyter (l'amiral) : 1787, p. 23.

S

S... (M.) : 1798, p. 31.

Sc... (Mme) : 1799, p. 13.

Sacchini (M.), en médaillon : 1783, p. 56.

Sage (M.), chimiste : 1777, p. 50; -99, p. 48 ; 1800, p. 15.

Saïd-Pacha, ambassadeur extraordinaire du Grand Seigneur : 1742, p. 24.

Saiffert, médecin : 1793, p. 43.

Sainscey (M. de), buste : 1767, p. 36.

Saint *** (Mme de) : 1751, p. 29.

Saint-Albin (Charles de), archevêque de Cambrai : 1742, p. 35.

Saint-André (le curé de), médaille : 1781, p. 52.

Saint-Auban (le marquis de). — Voy. Barathier.

Saint-Aubin (Mme) : 1798, p. 17 (dans le rôle de Lisbeth).

Saint-Aubin (Mme) : 1800, p. 39.

Saint-Clément (Mme de) : 1783, p. 27 (émail).

Saint-Dié (l'évêque de). — Voy. Chaumont de la Galaisière.

Saint-Florentin (le comte de) : 1750, p. 21 (assis, tenant une lettre); -69, p. 32.

Saint-George (M. de), capitaine de vaisseau : 1739, p. 19.

Sainte-Huberty (Mme de) : 1785, p. 24 (en Didon) ; -91, p. 45 (rôle d'Iphigénie en Aulide).

Saint-Huruge : 1793, p. 27.

Saint-Jean-en-Grève (le curé de) : 1673, p. 33.

Saint-Lambert (Mme de) en Naïade : 1739, p. 21.

Saint-Léger (M. de), docteur en médecine : 1777, p. 23.

Saint-Martin (l'abbé de) : 1704, p. 35.

Saint-Méderic (le curé de) : 1704, p. 17.

Saintomer, professeur d'écriture : 1799, p. 21.

Saint-Pierre (l'abbé de) : 1704, p. 25.

Saint-Prix, artiste du Théâtre-Français : 1798, p. 39.

Saint-Simon (Claude de), évêque de Metz : 1745, p. 35.

Sainte *** (Mme de) : 1769, p. 18 (pastel).

Sainte-Maure (la marquise de) en Sultane : 1743, p. 24.

Sainval (Mlle) dans le rôle de Mérope, buste : 1793, p. 70.

Salior (M.), tapissier du Roi : 1737, p. 27.

Sallantin (Mme), du théâtre Feydeau : 1798, p. 24.

Sallé (Mlle) : 1742, p. 31.

Sallin, doyen de la faculté de médecine : 1785, p. 53 (jeton); -87, p. 53 (buste); -89, p. 50.

Salvator Rosa, peintre : 1796, p. 80.

Santeuil, poète : 1704, p. 39.

Santilly (M. et Mme de) : 1704, p. 34.

Sarazin (Mme) ayant un serin sur le doigt : 1741, p. 21.

Sardaigne (le roi de) : 1763, p. 38.

Sarette (M.) : 1791, p. 14.

Sassenage (le comte de) : 1748, p. 24.

Saugrain (Mlle), graveur : 1785, p. 55.

Sauroy (M. de) le fils : 1737, p. 23.

Sauvage de l'Aveyron (le) : 1800, p. 45.

Savoye (le duc de) : 1673, p. 34.

Saxe (le maréchal de) : 1748, p. 24; -73, p. 38 (statue).

Saxe (le prince Clément de) : 1763, p. 19.

Saxe (le prince héréditaire de) : 1769, p. 28.

Saxe-Gotha et Meiningen. — Voy. Ernest-Louis, Frédéric III et Marie-Charlotte.

Schall, peintre : 1796, p. 45.

Scheffer (le baron de), ambassadeur de Suède en France : 1763, p. 23.

Scherer (le général) : 1798, p. 42.

Schouwaloff (la famille du comte de) : 1781, p. 34.

Scio (Mme), buste : 1800, p. 68.

Sébastien (le P. Carme) : 1704, p. 29.

Sedaine (Mme), buste : 1781, p. 42.

— (Mlle) aînée : 1793, p. 45.

— (Mlle) la jeune : 1793, p. 45.

Sefferson, buste : 1789, p. 47.

Ségur (la marquise de), buste : 1771, p. 44.

Ségur (le comte de), buste : 1783, p. 53.

— (la comtesse de) : 1783, p. 53 (buste) ; -85, p. 29.

Ségur (le vicomte de), buste : 1785, p. 49.

Seignelay (M. de) : 1673, p. 31.

Selles (M.) : 1704, p. 35.

Selon (M.), de Londres, tenant son chapeau : 1748, p. 21.

Senac de Meilhan (M.), intendant de Hainaut : 1785, p. 55.

Sens (l'archevêque de). — Voy. Languet de Gergy.

Sérilly (Mme de), buste : 1781, p. 46.

Servat (Mme), buste : 1777, p. 45.

— (Mlle), buste, 1777, p. 45.

Sery (Mlle de) : 1704, p. 25.

Sevestre, architecte : 1795, p. 35.

Siam (l'ambassadeur de) : 1699, p. 13.

Sicard, instituteur de sourds et muets : 1795, p. 46; 1800, p. 69 (buste).

Sidney (Algernon), buste : 1799, p. 72.

Silanie (Mlle) : 1751, p. 29.

Silva, médecin : 1743, p. 38.

Silvestre (Louis *de*), peintre du roi de Pologne : 1739, p. 22 (à la polonaise); -53, p. 23, 35 (émail) ; -55, p. 30.

— (Louis *de*) avec sa femme : 1704, p. 41.

— (Mlle de) tenant une palette : 1739, p. 20.

Silvia (Mlle), chanteuse : 1755, p. 37.

Simons (Mme M.), née Lange : 1799, p. 35. — Voy. Lange.

Sisteron (l'évêque de). — Voy. Thomassin.

Slodtz (MM.) frères, sculpteurs, 1738, p. 22 ; -57, p. 31 (en médaillons).

Sogues (Alexandre), buste : 1793, p. 61.

Solar (le commandeur), ambassadeur de Sardaigne : 1738, p. 25.

Solmaquier (M. de) en chasseur : 1738, p. 18.

Soltikoff (le général), buste : 1783, p. 51.

Soltikoff (le comte) fils, buste : 1783, p. 51.

Sophie (Madame) : 1748, p. 20 (tenant son voile) ; -81, p. 26

(tenant le plan de l'abbaye de l'Argentière).

Sorbet (Mᵐᵉ), buste : 1789, p. 46.

Soubain (M.), avocat : 1745, p. 29.

Soubise (Mˡˡᵉ de). — Voy. Guéméné.

Soufflot (Jacques-Germain), architecte : 1799, p. 86.

Sourdo (M.) : 1765, p. 30.

Souvigny (le comte de) : 1750, p. 30.

Spare (le baron de) dans son cabinet : 1753, p. 35.

Stahl (le baron de) : 1783, p. 60.

Stiémart (François), peintre : 1738, p. 15.

Stouf (Médar), buste : 1796, p. 74.

Stoup (M.), lieutenant général : 1704, p. 34.

Stroganoff (le comte) dans son cabinet : 1773, p. 19.

Suard (M.) tenant un dessin : 1742, p. 19.

— (Mᵐᵉ) tenant une orange : 1742, p. 19.

Sue (M.), anatomiste : 1789, p. 57.

Suède (le roi de) en uniforme des gardes du corps : 1773, p. 18; -85, p. 35, 48 (buste).

Suède (la princesse Christine de) : 1763, p. 19.

Suède (l'ambassadeur de) : 1763, p. 23.

Suffren (le bailli de), buste : 1785, p. 49, 50; -87, p. 51.

Sully (le duc de) : 1748, p. 27; -77, p. 44 (statue).

Surugue (Louis), graveur : 1755, p. 36.

Suvée (Joseph-Benoît), peintre : 1783, p. 35; -89, p. 49 (buste); -99, p. 88.

Swagers (Louis-François), peintre, et sa femme : 1798, p. 11.

T

T*** (M.), buste : 1785, p. 47.

Taitbout, consul de France à Naples, buste : 1763, p. 35.

Talleyrand-Périgord (le cardinal de), archevêque de Reims, jeton : 1785, p. 53.

Talleyrand-Périgord (M. de), député : 1791, p. 15.

Tallien, député : 1795, p. 38.

— (Mᵐᵉ) dans sa prison : 1796, p. 42.

Tardieu (Nicolas-Henri), graveur : 1745, p. 37.

Targe, officier : 1793, p. 106.

Target, avocat et député : 1769, p. 37 (buste); -91, p. 27.

Tassart (Mᵐᵉ) : 1765, p. 25.

Tastory, négociant : 1799, p. 66.

Tavernery (M. de) : 1781, p. 23.

Ténon (M.), de l'Académie des sciences : 1791, p. 13.

Terisse (Mᵐᵉ), les mains dans son manchon : 1746, p. 20.

Terrasse (M. et Mᵐᵉ), de Lyon : 1771, p. 28.

Terray (l'abbé) : 1771, p. 49 (jeton) ; -77, p. 50.

Tersnéeden (M.), gentilhomme suédois : 1783, p. 60.

Tessin (le comte de) tenant une estampe de Jules Romain : 1740, p. 24.

Theil (M. du), secrétaire du cabinet du Roi : 1740, p. 24.

Thelusson (Mᵐᵉ) : 1771, p. 28.

Theobaldo (M.) : 1699, p. 21.

Thésut (l'abbé de), conseiller d'État : 1737, p. 15.

Theurel (Jean), doyen des vété-
rans pensionnés : 1789, p. 26.

Thiboust (M.), imprimeur du
Roi : 1750, p. 31.

— (Mme) : 1750, p. 31.

Thiboust (Jean-Pierre), peintre,
par lui-même : 1796, p. 67 ; -98,
p. 64.

Thibouteau (la marquise de) :
1737, p. 17.

Thiboutot (la marquise de) :
buste : 1785, p. 49.

Thierry (M.) : 1737, p. 29.

Thomas (M.), de l'Académie française : 1781, p. 23.

Thomassin (Louis), évêque de
Sisteron : 1704, p. 36.

Thomassin (Mlle), femme de
M. Deshayes, jouant de la
vielle : 1742, p. 19.

Thomé (Thomas), grenadier :
1800, p. 17.

Thorigny (M. le président de) :
1673, p. 32.

Tirard (Mme) : 1704, p. 34.

Tisset (Mme) jouant de la vielle :
1737, p. 23.

Tissu (Dom), Chartreux : 1699,
p. 24.

Tocqué (Louis), peintre : 1775,
p. 44.

— (Mme) tenant une brochure :
1751, p. 24.

Tolling (M.) : 1763, p. 21.

Tom (la comtesse du), buste :
1789, p. 49.

Tossier (M.) en robe de satin
noir : 1742, p. 19.

Touane (M. de la), trésorier de
l'extraordinaire des guerres :
1699, p. 23.

Toulouse (le comte de):1704, p.30.

Toulouse (l'archevêque de). —
Voy. Villacerf.

Tournehem (M. de) jusqu'aux
genoux : 1750, p. 21.

Tournières (Robert), peintre :
1704, p. 42 ; -47, p. 32.

Tourolle (Mme de) : 1763, p. 21.

Tourville (l'amiral de), statue :
1781, p. 45.

Travanet : 1796, p. 65.

— (Mme) : 1796, p. 65.

Traverse (M. de la) en cuirasse :
1750, p. 26.

Trinquesse (L.), peintre, par lui-
même) : 1791, p. 20.

Trioson (M. le docteur) : 1779,
p. 40.

Trois (l'abbé), supérieur de la
maison du Saint-Esprit : 1783,
p. 20.

Tronchin, médecin, buste : 1781,
p. 46.

Trouille, membre du corps législatif, buste : 1798, p. 73.

Troy (Jean-François *de*), peintre :
1699, p. 24 ; 1704, p. 23 (avec
sa femme, peint par lui-même), 31 ; -87, p. 23 ; -89, p. 60.

Trubetskoï (les princesses), médailles : 1765, p. 40, 43.

Trudaine (M. de) : 1767, p. 34
(buste); -75, p. 43 (médaillon);
-79, p. 42.

— (M. et Mme), en ovale : 1763,
p. 21.

Trudaine la Sablière : 1795,
p. 56.

Trudaine-Montigny : 1795, p. 56.

Trusson (Mme), femme de chambre de Mesdames de France :
1739, p. 20.

Turenne (le maréchal de), buste :
1704, p. 10 ; -73, p. 37 (statue);
81, p. 29 (émail); -83, p. 45
(statue).

Turenne (les enfants du prince
de) : 1763, p. 38.

Turet (M. et Mme) : 1704, p. 17.

Turgot, contrôleur général, buste : 1775, p. 38 ; -77, p. 45.

Turgot, brigadier des armées du Roi : 1775, p. 44.

Turpin, historiographe : 1795, p. 21.

U

Ulin (Pierre d'), peintre : 1741, p. 25.
Upsé (le comte d') : 1704, p. 33.

Ussé (la marquise d') : 1737, p. 20.
Usson (le comte d') : 1775, p. 24.

V

V. R. (M.) : 1773, p. 21.
V*** (Mme) : 1799, p. 13.
V*** (Mme de la) en pied : 1796, p. 25.
V*** (Mme A.), actrice du théâtre des Arts : 1799, p. 62.
V*** (Mlle L.), buste : 1800, p. 70.
Valbelle (le comte de), buste : 1781, p. 46.
Valenceau (M. de) en cuirasse : 1741. p. 21.
Valentinois (la famille du duc de): 1737, p. 19.
Valière (M. de) père, lieutenant des armées du Roi, buste : 1753, p. 19.
Valière, acteur, et sa femme : 1796, p. 28.
Vallant (Catherine), buste : 1793, p. 60.
Vallayer-Coster (Mme Anne), peintre : 1783, p. 22.
Valois (le duc de) au berceau : 1775, p. 12.
Van Clève (Corneille), sculpteur : 1704, p. 17, 32, 42.
Van der Lyn (John), peintre, par lui-même : 1800, p. 64.
Van Gorp (Henri-Nicolas), peintre, par lui-même : 1799, p. 64.
Van Loo (Amédée), peintre : 1785, p. 30.
Van Loo (Carle), peintre : 1747, p. 32; -53, p. 15; -85, p. 56.
— (famille de M. Carle) : 1757, p. 12.

— (Mlle) : 1740, p. 14; -53, p. 35 (en mantelet blanc).
Van Loo (Louis-Michel), peintre, avec sa sœur, travaillant au portrait de son père, par lui-même : 1763, p. 12; -83, p. 56.
Van Outryve (M.), en pied : 1783, p. 21.
— (l'abbé) : 1789, p. 13.
Van Schuppen (M. et Mme): 1704, p. 37, 38.
Vanville (Mme) tenant un bouquet de barbeaux : 1755, p. 23.
Varenne (Mme de) en liseuse : 1738, p. 27.
Vassé (Louis-Claude), sculpteur : 1771, p. 45 (buste); -73, p. 35.
— (Mme) : 1753, p. 35.
Vauban, buste : 1704, p. 10, 11; -83, p. 47 (statue); -85, p. 44 (statue).
Vauguyon (le duc de la) : 1771, p. 35.
Vaume (M.) : 1799, p. 58.
Verdier (M.) : 1779, p. 52.
Verdière, général de division : 1799, p. 27.
Verdun (l'évêque de). — Voy. Nicolaï.
Vergennes (le comte de) : 1781, p. 31.
Véri (l'abbé de) : 1775, p. 24.
Vernet (Joseph), peintre : 1759, p. 20; -75, p. 44; -83, p. 52 (buste); -85, p. 30.

Vernet (Mme) : 1767, p. 12.

Vernet (les enfants de Carle) se tenant embrassés : 1798, p. 18.

Verninac (Mme), buste : 1800, p. 69.

Vernot (M. de) : 1704, p. 36.

Verrier (M.) : 1704, p. 36.

Verselin (M.) : 1699, p. 23.

Vesannes (M. de), major des chevaux-légers : 1743, p. 28.

Vestier (Antoine), peintre : 1791, p. 28; -93, p. 66 (buste).

— (Mme) : 1777, p. 45 (buste); -87, p. 32 (avec un enfant qui pince l'oreille d'un chien).

— (M.) fils : 1785, p. 42.

— (Mlle) peignant le portrait de son père : 1785, p. 42.

Vestris : 1795, p. 54.

— (Mme) en Électre : 1795, p. 43.

Vicman (M. de) en chasseur : 1742, p. 12.

Victoire (Madame) : 1751, p. 23; -73, p. 35 (en pied); -87, p. 27 (pastel); -89, p. 22 (montrant une statue de l'Amitié).

Vien (Joseph-Marie), peintre : 1757, p. 21; -83, p. 35; -85, p. 21; -87, p. 53 (buste); -89, p. 32.

— (Mme) : 1757, p. 21; -99, p. 66.

— fils (Joseph-Marie), peintre : 1800, p. 65.

— (Mme) fils : 1800, p. 65.

Vienne (M. de la) : 1704, p. 33.

Vietinghoff (le baron de), buste : 1777, p. 45.

Vigée : 1800, p. 57.

Villacerf (M. de), médaillon : 1699, p. 13.

Villacerf (Jean-Baptiste-Michel Colbert de), archevêque de Toulouse : 1704, p. 33.

Villars (M.), baigneur : 1740, p. 17.

Villars (le maréchal de) : 1739, p. 25 (médaille); -43, p. 35; -77, p. 50 (buste).

Villefranche (Mme de) en Psyché qui veut tuer l'Amour : 1704, p. 29.

— (Mlle de) : 1704, p. 24, 25, 29, 31.

Villemin (M.) en chasseur : 1738, p. 19.

Villemur (M. de), fermier général : 1737, p. 17 (avec son épouse et son fils); -45, p. 28 (en habit de velours).

Villeneuve (Mme de) les mains dans son manchon : 1747, p. 33.

Villeroy (le marquis de) en cuirasse, la main sur un casque : 1750, p. 21.

Villette (M. de), directeur des postes de Lyon : 1737, p. 23.

— (M. de) l'aîné : 1755, p. 25.

— (Mme de) : 1757, p. 15.

Vincent (François-André), peintre : 1795, p. 35; -98, p. 19 (miniature).

Vincent (François-Philibert), peintre, par lui-même : 1799, p. 66.

Vincent de Paul, buste : 1787, p. 52.

Vivien (Mme) : 1704, p. 17.

Vogué (Jacques-Joseph-François de), évêque de Dijon : 1779, p. 35.

Voiriot (Guillaume), peintre : 1783, p. 35.

Volney : 1795, p. 14.

Voltaire : 1748, p. 29 (buste); -71, p. 28; -73, p. 28; -79, p. 27, 44 (buste), 45 (buste), 45 (statue); -81, p. 45 (statue); -83, p. 56; -91, p. 37 (buste), 38 (buste), 42 (statue); -93, p. 63 (buste); -95, p. 64 (buste); -96, p. 88 (portrait à la plume).

Voyer (le marquis de), lieutenant général : 1753, p. 23.

— (les enfants du marquis de), bustes : 1767, p. 36.

W

Wailly (M. de), architecte : 1738, p. 26.

— (Mᵐᵉ de), buste : 1780, p. 42.

Waldener (le comte de) en buste : 1753, p. 22.

Washington : 1787, p. 51 (buste); -89,' p. 54 (médaille); -93, p. 67.

— (le colonel), médaille : 1789, p. 55.

Wasserchlebe (M.) tenant une lettre : 1746, p. 20.

Watelet (Claude-Henri), receveur général des finances : 1753, p. 23; -63, p. 28; -65, p. 25; -67, p. 39.

Wille (Jean-Georges), graveur : 1765, p. 25; -81, p. 51.

Winckelmann, buste : 1800, p. 70.

With (Mˡˡᵉ de) aînée avec son jeune frère : 1793, p. 52.

Woual (M.), ambassadeur d'Espagne en Angleterre : 1753, p. 15, 16.

Nogent-le-Rotrou, imprimerie DAUPELEY-GOUVERNEUR.

www.ingramcontent.com/pod-product-compliance
Lightning Source LLC
LaVergne TN
LVHW022342170726
843503LV00008B/3500